Les cahiers d'**exercices** ASSiMiL

Anglais

LV1

Collège 5e

LV1

Hélène Bauchart

À propos de ce cahier

Le cahier que tu t'apprêtes à découvrir est divisé en 3 parties : une consacrée à la grammaire, une à la prononciation, dans laquelle tu apprendras quelques règles à connaître pour partir du bon pied, et une à la culture et à la civilisation, dans laquelle tu découvriras quelques aspects des pays anglophones. La méthode du cahier repose sur une construction progressive des connaissances, que tu pourras assimiler de manière rapide et motivante tout en t'amusant. Au fil des pages, elle te permettra d'apprendre à échanger efficacement en anglais. Nous te conseillons de faire les sections et les unités dans l'ordre où elles apparaissent. Pourquoi ? Parce que tu auras besoin d'avoir acquis les connaissances grammaticales de chaque unité pour passer à la suivante, puis pour effectuer la partie « Culture et civilisation », qui est conçue de manière à réactiver tes nouvelles compétences dans un contexte plus large. Dans cette partie, les mots de vocabulaire déjà croisés, très transparents, déductibles en contexte ou à partir de ce que tu connais n'ont pas été traduits, pour solliciter ta réflexion. Il est en effet important que tu apprennes à construire ou déduire du sens à partir des connaissances dont tu disposes.

Pour la prononciation, le tableau des sons fourni sur le rabat de la couverture te donnera quelques repères pour démarrer dans l'apprentissage. Tu verras que les sons sont donnés entre crochets. Ils correspondent à des sonorités françaises proches des sons anglais.

D'un point de vue pratique, ce cahier permet de t'autoévaluer à plusieurs niveaux : après chaque exercice, dessine l'expression de tes icônes : 🙂 pour une majorité de bonnes réponses, 😐 pour environ la moitié et ☹️ pour moins de la moitié. À la fin de chaque unité, reporte le nombre d'icônes de ces exercices et, en fin d'ouvrage, fais le bilan en reportant les icônes des fins d'unités dans le tableau général fourni.

Allez, à toi de jouer maintenant ! C'est parti !

Sommaire

I. Grammaire 3

Unité 1 – Manier les noms, les quantifieurs et les nombres 4

Unité 2 – Manier les adjectifs : décrire un objet ou une personne, parler de soi et de son environnement 21

Unité 3 – Savoir utiliser les deux présents 38

Unité 4 – Savoir utiliser l'infinitif et le gérondif. Exprimer la capacité, l'autorisation, l'obligation, l'interdiction et la probablité ... 56

Unité 5 – Exprimer des actions futures, conditionnelles et/ou passées. Faire le bilan de ses expériences 71

Unité 6 – Approfondir ses connaissances pour communiquer de manière plus authentique .. 87

II. Prononciation 97

III. Culture et civilisation 107

Langage idiomatique et vie quotidienne 108

Grande-Bretagne 110

Irlande 117

Nouvelle-Zélande 119

États-Unis 120

Grammaire

Unité 1
Manier les noms, les quantifieurs et les nombres

Les noms : dénombrables ou indénombrables ?

Tu as peut-être déjà vu en 6e que certains noms anglais sont dénombrables et d'autres indénombrables. La plupart sont dénombrables : on peut les compter en unités (ex. : *un chien*, *deux chiens*, *trois chiens*, etc...). Il faut savoir à quelle catégorie ils appartiennent pour pouvoir les utiliser avec les articles/déterminants et les quantifieurs qui conviennent par la suite.

- **Les noms dénombrables et leur pluriel**

  Facile ! On forme généralement leur pluriel en ajoutant un **-s** au singulier (ex. : **one cat**, *un chat*, **two cats**, etc.) sauf pour les noms :
  - se terminant en **-z**, **-x**, **-s**, **-sh**, **-ch**, qui prennent **-es**. Ex. : **box → boxes**, *boîtes* ; **dress → dresses**, *robes* ; **bush → bushes**, *buissons*
  - se terminant en **-y**, qui prennent **-ies**. Ex. : **baby → babies**, *bébés*
  - se terminant en **-f**, **-fe**, **-lf**, qui prennent **-ives**. Ex. : **leaf → leaves**, *feuilles* ; **life → lives**, *vies*
  - se terminant en **-o**, qui prennent **-oes**. Ex. : **tomato → tomatoes**, *tomates*
  - au pluriel irrégulier, qu'il faut apprendre : **man → men**, *hommes* ; **woman → women**, *femmes* ; **child → children**, *enfants* ; **mouse → mice**, *souris* ; **foot → feet**, *pieds* ; **tooth → teeth**, *dents* ; et **fruit**, qui ne prend pas de **s** au pluriel.

Articles : avec ces noms, tu peux utiliser les articles **a**, **an**, **the** avec les singuliers et **the** et/ou un chiffre avec les pluriels. Rappel : **the** est invariable (ex. : **the boy(s)**, **the girl(s)**, *le(s) garçon(s)*, *la/les fille(s)*).

- **Les noms indénombrables**

  Ce sont des noms que l'on ne peut pas compter. Ils n'ont pas de pluriel et s'utilisent avec un verbe au singulier. Ce sont le plus souvent les notions générales (ex. : **love**, *l'amour*) et les noms de denrées alimentaires (ex. : **milk**, *le lait*). Certains indénombrables sont très surprenants pour les Français et tu dois les apprendre (ex. : **hair**, *les cheveux*) ; tu peux aussi retenir **furniture**, **information**, **luggage** (voir ci-contre).

Articles : avec ces noms, tu ne peux utiliser que l'article **the** ou **Ø**. Ils ne sont jamais utilisés avec l'article **a/an** ni avec un chiffre.

NB : pyjamas, **shorts**, **trousers**, **jeans** sont considérés comme des noms pluriels en anglais. Ainsi, *mon pyjama est* se dira **my pyjamas are** (un petit truc pour le mémoriser ? Eh bien, ce sont des vêtements à 2 jambes, donc pluriel !).

Noms indénombrables

bread ['brèd], *pain*
butter ['beut^{eur}], *beurre*
cheese ['tchiz], *fromage*
chocolate ['tchokl^{eu}t], *chocolat*
coffee ['kofi], *café*
furniture ['feunitch^{eur}], *meubles*
hair ['Hè-^{eur}], *cheveux*
information [inf^{eu}'mèïch^{eu}n], *informations*
jam ['djam], *confiture**
love ['leuv], *amour*
luggage ['leugidj], *bagages*
meat ['mit], *viande*
milk ['milk], *lait*
money ['meuni], *argent*
pasta ['past^{eu}], *pâtes*
spinach ['spinitch], *épinards*
sugar ['choug^{eur}], *sucre*
tea ['ti], *thé*
toast ['t^{eu}-oust], *pain grillé*
water ['ouôt^{eur}], *eau*

Noms dénombrables

apple ['ap^{eu}l], *pomme*
banana [b^{eu}'nan^{eu}], *banane*
bush ['bouch], *buisson*
egg ['èg], *œuf*
fly ['flaï], *mouche*
fox ['foks], *renard*
half ['Hâf], *moitié*
lemon ['lèm^{eu}n], *citron*
pear ['pè^{eur}], *poire*
potato [p^{eu}'tèït^{eu}-ou], *pomme de terre*
tomato [t^{eu}'mat^{eu}-ou], *tomate*
wife ['ouaïf], *épouse*

* L'expression **To be in a jam** signifie *Être dans la panade !*

FA ☑ = forme affirmative
FI ? = forme interrogative
FN ☒ = forme négative

To be (révisions)

FA ☑		FI ?	FN ☒	
Forme pleine **I am** **You are** **She/he/it is** **We are** **You are** **They are**	Forme contractée **I'm** **You're** **She/he/it's** **We're** **You're** **They're**	**Am I?** **Are you?** **Is she/he/it?** **Are we?** **Are you?** **Are they?**	Forme pleine **I am not** **You are not** **She/he/it is not** **We are not** **You are not** **They are not**	Forme contractée **I'm not** **You're not** ou **you aren't** **She/he/it's not** ou **isn't** **We're not** ou **we aren't** **You're not** ou **you aren't** **They're not** ou **they aren't**

Les pronoms démonstratifs (révisions)

- Pour évoquer une personne ou une chose proche (géographiquement ou affectivement) : **this** [DHis] et **these** [DHiz] au pluriel.
- À l'inverse, s'il existe une certaine distance (géographique ou affective) : **that** [DHat] et **those** [DH^{eu}-ouz] au pluriel (ex. : **this is a dog and those are cats**). Tu seras amené à les utiliser pour identifier/désigner quelque chose ou présenter/désigner quelqu'un (ex. : **this is a cat/this cat is sick**, *c'est un chat/ce chat est malade*; **this boy is Tom/this is Tom**, *ce garçon est Tom/voici* ou *c'est Tom*).
- Si tu as besoin d'interroger sur la nature de quelque chose (*qu'est-ce que c'est ?*) : **<u>what</u> is this/that?** au singulier et **what are these/those?** au pluriel. La réponse se formulera ainsi : **this is a cat**, *c'est un chat* et **these are Ø cats**, *ce sont des chats*.

1 **Retrouve dans la grille la traduction anglaise des mots suivants, puis mets-les au pluriel en anglais, quand c'est possible !**

A	W	A	T	E	R	I	U	T	L
I	O	P	B	R	E	A	D	O	E
A	R	P	I	E	R	P	O	A	M
B	M	L	M	A	B	E	A	S	O
U	E	E	I	L	A	A	N	T	N
T	A	R	L	B	N	R	I	J	U
T	T	E	K	P	A	S	T	A	Z
E	G	G	Y	U	N	A	E	M	O
R	I	P	O	T	A	T	O	R	Y
O	B	Y	S	P	I	N	A	C	H

1. eau ....
2. pain ....
3. pâtes ....
4. œuf ....
5. pomme de terre ....
6. épinards ....
7. beurre ....
8. viande ....
9. pomme ....
10. lait ....
11. banane ....
12. poire ....
13. confiture ....
14. pain grillé ....

2 Mets les phrases suivantes au pluriel.

1. This is a bush.

2. That is a fly.

3. That is a wife.

4. This is a tomato.

5. This is a foot.

6. That is a child.

7. This is a fox.

8. That is fruit.

9. This is a tooth.

10. That is a mouse.

3 Pour chaque illustration, entoure le mot qui lui correspond puis associe-la à l'une des quatre formules à l'aide de l'indice de la dernière ligne du premier tableau.

1.	2.	3.	4.
		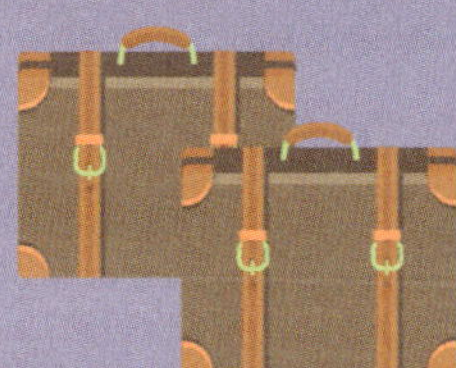	
box / boxes	furniture / furnitures	luggage / luggages	leaf / leaves
proches	*loin*	*proches*	*loin*

these are	this is	that is	those are

4 **Corrige les erreurs éventuelles dans la copie suivante.**

1. There is a furniture in the hall.

....

2. The meat is good.

....

3. My hairs are red.

....

4. The two mans are happy.

....

5. Those are foxes.

....

6. There are luggage on the bed.

....

Les quantifieurs

Ils vont te servir à indiquer une quantité.

Quantité	Avec les dénombrables	Avec les indénombrables
pas de	not any + nom pluriel ou singulier (ex. : **there isn't/aren't any pear(s)**) no + nom pluriel ou singulier (ex. : **there is/are no pear(s)**)	not any + nom (ex. : **there isn't any butter**) no + nom (ex. : **there is no butter**)
un peu de, quelques	a few [eu 'fi**ou**] + nom pluriel (ex. : **a few lemons**)	a little [eu 'liteul] + nom (ex. : **a little spinach**)
du, de la, des	**FA ☑ :** some ['seum] + nom pluriel (ex. : **there are some bananas**) **FI ⍰ :** any ['èni] + nom pluriel (ex. : **are there any bananas?**) 	**FA ☑ :** some ['seum] + nom (ex. : **there is some bread**) **FI ⍰ :** any ['èni] + nom (ex. : **is there any bread?**). Lorsque l'on propose quelque chose, on utilisera **some** et non **any**, comme il serait grammaticalement attendu. Ceci est une marque de politesse (ex. : **do you want some coffee?**, *voulez-vous du café ?*).

Les quantifieurs (suite)

Quantité	Avec les dénombrables	Avec les indénombrables
assez de	**enough** [i'neuf] + nom pluriel (ex. : **enough lemons**)	**enough** + nom (ex. : **enough coffee**) Une petite expression en passant : **Enough is enough**, *Ça suffit !*
beaucoup de	**a lot of/plenty of** [^{eu} 'leut ^{eu}v/plènti ^{eu}v] + nom pluriel (ex. : **a lot of/plenty of cats**) **many** ['mèni] + nom pluriel (ex. : **many children**)	**a lot of/plenty of** [^{eu} 'leut ^{eu}v/plènti ^{eu}v] + nom (ex. : **a lot of/plenty of luggage**) **much** ['meutch] + nom (ex. : **much toast**)
la plupart de	**most of** + nom pluriel (ex. : **most of the pears are good**)	**most of** + nom (ex. : **most of the bread is bad**)
tout, tous *chaque, chacun des*	**all** + nom pluriel (ex. : **she's eating all the biscuits**) **every** + nom singulier (ex. : **every day**, *chaque jour*). Un petit proverbe pour la route : **Every rose has its thorn**, *Personne n'est parfait*	**all** + nom (ex. : **I'm drinking all the milk**)
combien ?	**how many** + nom pluriel (ex. : **how many girls are there?**)	**how much** + nom (ex. : **how much money is there?**)
trop	**too many** + nom pluriel (ex. : **she's eating too many biscuits**)	**too much** + nom (ex. : **he's not eating too much spinach**)

- Pour parler d'une généralité, on ne met pas d'article (ex. : **Ø dogs**, *les chiens* en général, **Ø love**, *l'amour* en général).
- Pour évoquer l'existence/la présence de quelque chose (*il y a* + nom), tu dois utiliser la structure **there is** [DHè-^{eu}r iz] + nom singulier (ou **there's** [DHè-^{eu}z]) et **there are** [DHè-^{eu}r **â**^{r}] + nom pluriel
- Si tu veux poser la question correspondante (*y a-t-il... ?*), tu procèdes à une simple inversion : **is there a** + nom singulier **?** ou **are there** + nom pluriel **?**
- Pour y répondre maintenant, **easy peasy** (*fastoche !*) : **Yes, there is/are – No, there is not** ou **isn't/are not** ou **aren't** (tu n'as pas besoin de reprendre le nom). Un petit proverbe pour la route : **Where there's a will there's a way** (*quand on veut on peut*). **Up to you now!** (*À toi de jouer maintenant !*)

5 Quelle est la bonne traduction ?

1. *Les chats aiment le lait*
a. Cats like the milk **b.** Cats like milk **c.** The cats like milk

2. *L'amour, c'est important*
a. The love is important **b.** A love is important **c.** Love is important

3. *Le thé est une boisson saine*
a. Tea is healthy **b.** The tea is healthy **c.** Teas is healthy

4. *Les hommes aiment le football*
a. The men love the football **b.** Men love football **c.** Men love the football

6 Corrige les éventuelles erreurs.

1. There's *some* tea on the table. ....

2. Do you want *some* pear? ....

3. Do you want *a* toast? ....

4. There are *some* eggs. ....

5. There is *any* chocolate. ....

7 Remets les éléments suivants dans l'ordre pour former des phrases correctes.

1. two / for / ? / meat / is / there / enough ....

2. box / opening / he's / every ....

3. are / few / flies / on / a / jam / there / the ....

4. little / got / money / he's / a ....

5. red / apples / are / most ....

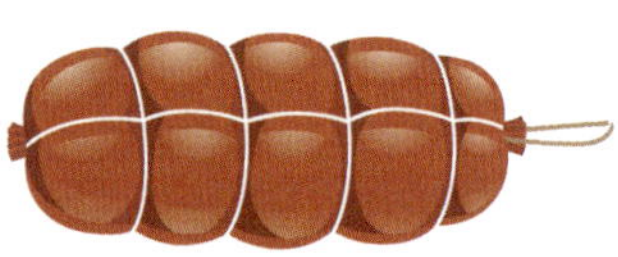

8 Entoure le(s) bon(s) quantifieur(s) (attention, plusieurs réponses sont souvent possibles !).

1. How many – How much milk is there in the fridge?
2. There are many – much – no – a few – any eggs in the fridge.
3. He's drinking some – a little – a few – any – many tea.
4. He's eating no – any – many – a little – much – some – a few toast.
5. There is any – many – a lot of pasta on the table.

9 Relie chaque quantifieur à un groupe nominal pertinent.

1. How many •	• **a.** chocolate.
2. I drink a lot of •	• **b.** of toast.
3. She doesn't eat much •	• **c.** water do you want?
4. How much •	• **d.** tea.
5. There is plenty •	• **e.** eggs in the fridge.
6. There aren't many •	• **f.** children are there?

10 Replace les quantifieurs suivants dans les questions d'Henri.

MANY – ENOUGH – A LITTLE – MOST – HOW MANY

1. Henri : Is there .... toast for two?
Jules : Yes, there is.

2. Henri : Are there .... bananas?
Jules : No, there are just a few.

3. Henri : Is there .... milk?
Jules : There's a lot !

4. Henri : .... pears are there?
Jules : There are four.

5. Henri : Are .... of the lemons green?
Jules : Yes, three are green.

Les nombres (révisions et approfondissement)

- Compter dans les dizaines est facile : il te suffit d'ajouter les chiffres de 1 à 9 derrière l'unité de 10 et de mettre un tiret entre les dizaines et les unités (ex. : 62 = **sixty-two**, 56 = **fifty-six**).
- Pour demander l'âge de quelqu'un : **how old** + **to be** + sujet. **How old are you** [Ha-ou[eu]-ould **â** i**ou**]?/**is she?** Réponse : **I'm/she's** + nombre + (la précision **years old** n'est pas nécessaire car le contexte indique clairement qu'on parle de l'âge).
- Pour indiquer un chiffre à décimales, tu utiliseras un point et non une virgule. Ex. : **12.5%** = *12,5 %*. Cela se dit **twelve point five percent** (pas de **s** à **percent** !).

De 13 à 19	Les dizaines
thirteen [THeu'tin], *13*	**twenty** ['touènti], *20*
fourteen [fô'tin], *14*	**thirty** ['THeuti], *30*
fifteen [fif'tin], *15*	**forty** ['fôti], *40*
sixteen [siks'tin], *16*	**fifty** ['fifti], *50*
seventeen [sèv[eu]n'tin], *17*	**sixty** ['siksti], *60*
eighteen ['èï'tin], *18*	**seventy** ['sèv[eu]nti], *70*
nineteen ['naïn'tin], *19*	**eighty** ['èïti], *80*
	ninety ['naïnti], *90*

11 Entoure les chiffres qui conviennent pour former les nombres suivants.

Ex. : forty-five 9 6 ④ 7 9 ⑤

1. thirty-two — 3 4 9 7 8 2
2. ninety-three — 4 9 7 2 3 1
3. sixty-seven — 2 4 8 6 5 7 3

12 Complète les blancs avec les lettres ou chiffres manquants, puis relie les valeurs numériques à leur équivalent en toutes lettres.

A. 18 •	• **a.** TWENTY-EIGHT
B. 66 •	• **b.** NINETY-FIVE
C. __ 2 •	• **c.** E __ __ __ TEEN
D. 43 •	• **d.** SI __ __ Y-SIX
E. __ 5 •	• **e.** SEVENTEEN
F. __ 8 •	• **f.** SEVENTY-TWO
G. 1 __ •	• **g.** __ __ __ TY-THREE

13 **Demande quel âge ont les personnages et réponds en écrivant en toutes lettres (de 1 et 2), ou en chiffres (3 et 4).**

1. ....?
"We're 47"
....
....

2. ....?
"I'm 29"
....
....

3. ....?
"We're fifty-two"
....
....

4. ....?
"I'm thirty-eight"
....
....

L'heure (révisions)

Si tu as besoin de demander l'heure, dis : **what time is it?** [wot 'taïm iz it]. Comment y répondre ?

- pour les heures pleines, tu répondras par : **it's one, two,... twelve (o'clock)** ;
- pour les heures non pleines, tu donneras d'abord les minutes, puis l'heure (l'inverse du français). Tu auras besoin de **to** pour exprimer les minutes avant l'heure (ex. : **it's five to** [t^{eu}] **four**, *il est 3 h 55*) et **past** [past] pour mentionner les minutes après l'heure (ex. : **it's twelve past four**, *il est 4 h 12*) ;
- le *quart d'heure* : **a quarter** ['kouôt^{eur}] (ex. : **it's a quarter to/past five**, *il est 4 h 45/5 h 15*) ;
- la *demi-heure*, utilisée seulement avec **past** : **half** ['Hâf] (ex : **it's half past eight**, *il est 8 h 30*) ;
- *midi* : **midday** [mid'dèï] ou **noon** ['noun] ;
- *minuit* : **midnight** [mid'naït].
- Te souviens-tu que les anglophones fonctionnent sur une base horaire de 12 heures et non de 24 heures comme nous ? C'est pourquoi, quand le contexte n'indique pas clairement qu'on parle du matin ou de l'après-midi, ils ajoutent **a.m.** [èï èm] pour les heures de minuit à midi et **p.m.** [pi èm] pour les heures entre midi et minuit. Une dernière précision : ne mentionne pas **o'clock** lorsque tu précises **a.m.** ou **p.m.** En revanche, si tu dis **3 in the morning/afternoon**, *no problem !*

14 Indique en toutes lettres à quelle heure...

1. 11:45 Sophie doit aller chez le médecin ....
2. 06:50 Yann doit se lever ....
3. 18:00 Joris doit faire ses devoirs ....
4. 07:15 Louise prend son petit-déjeuner ....
5. 20:55 Tom a pris son bain ....

15 Voici le programme télé de la journée. Traduis les informations et indique les heures sur les horloges.

« **1.** There's a film at ten to twelve a.m., **2.** a documentary at half past eleven a.m., **3.** a rugby game at a quarter past seven p.m., **4.** a rock concert at twenty past ten p.m. **5.** There are series at 4 p.m. »

Programme de la matinée

1. ....
....
à [88:88]

2. ....
....
à [88:88]

Programme de l'après-midi et de la soirée

3. ....
....
à [88:88]

4. ....
....
à [88:88]

5. ....
....
à [88:88]

Moments de la journée et salutations

morning ['môning], *matin*
→ **good** ['goud] **morning**, *bonjour*, le matin
afternoon ['aft^{eu}**noun**], *après-midi*
→ **good afternoon**, *bonjour*, l'après-midi
evening ['ivning], *soir*
→ **good evening**, *bonsoir*
night ['naït], *nuit*
→ **good night**, *bonne nuit*
meal ['mil], *repas*
breakfast ['brèkf^{eu}st], *petit-déjeuner*
lunch ['leuntch], *déjeuner*
dinner ['din^{eur}], *dîner*
snack ['snak], *en-cas*

NB : on ne met pas d'article devant les repas (ex. : **Ø lunch**, *le déjeuner*).

16 **Indique la salutation et le nom du repas qui convient pour chacun des horaires suivants.**

1. It's 7:05 a.m. → .... ! It's time for ....!
2. It's 7:45 p.m. → .... ! It's time for .... !
3. It's 10 p.m. → .... ! It's time for .... !
4. It's noon. → .... ! It's time for .... !
5. It's 4:30 p.m. → .... ! It's time for ....!

17 **Comment se disent les nombres à décimales suivants ?**

a. 17.5 ....
....

b. 99.2 ....
....

c. 123.7 ....
....

Demander et donner un prix (révisions)

Centaines et milliers

- La structure **How much** ['Ha-ou meutch] **is/are +** sujet **?** sert à demander le prix de quelque chose. Si tu veux donner un prix : **it's/they're** + nombre.
- *100* : **one hundred** ['Heundr^{eu}d]
  1,000 : **one thousand** ['THa-ouz^{eu}nd]
  1,000,000 : **one million** ['mili^{eu}n]
- Lorsqu'il y a plusieurs centaines ou milliers, ils commencent par l'unité adéquate et il faut une virgule après les milliers (ex. : *200* = **two hundred**, *3,000* = **three thousand**). As-tu remarqué qu'on ne mettait pas de **s** à **hundred** et **thousand** ?
- Les dizaines et les unités qui sont ajoutées à **hundred** sont précédées de **and** (ex. : *840* = **eight hundred and forty**, mais *7 800* = **seven thousand Ø eight hundred**).

Banque de mots

castle ['kas^{eu}l], *château*

mobile phone ['m^{eu}-oubaïl 'f^{eu}-oun], *téléphone mobile*

scooter ['skout^{eur}], *trottinette*

tablet ['tabl^{eut}], *tablette*

18 Demande le prix des objets suivants et réponds en écrivant en toutes lettres.

1.

2 300 euros

2.

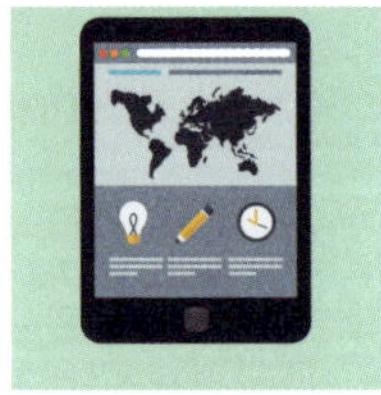

235 euros

3.

5 460 000 euros

1. ....
....
....................................?
....
....
....

2. ....
....
....................................?
....
....
....

3. ....
....
....................................?
....
....
....

Nombres ordinaux

- Pour parler de position dans un ordre (classement), dire la date et former des fractions, tu auras besoin de nombres ordinaux.
- Les trois premiers sont irréguliers mais pour tous les autres il te suffit d'ajouter **-th** au chiffre (attention cependant... petit piège pour 5 et 9) :

the first, 1st
['f**eu**st], *le premier*

the second, 2nd
['sèk^{eu}nd], *le deuxième*

the third, 3rd
['TH**eu**d], *le troisième*

the fourth, 4th
['f**ô**TH], *le quatrième*

the fifth, 5th
['fifTH], *le cinquième*

the sixth, 6th
['siksTH], *le sixième*

the seventh, 7th
['sèv^{eu}nTH], *le septième*

the eighth, 8th
[èïtTH], *le huitième*

the ninth, 9th
['naïnTH], *le neuvième*

- Si tu dois compter à l'intérieur des dizaines, c'est toujours l'unité qui porte ce **-th** (les 3 premiers restent irréguliers bien sûr. Ex. : *le 31*^{e} = **the thirty-first**, *le 43*^{e} = **the forty-third**, *le 56*^{e} = **the fifty-sixth**).

Fractions

- *1/2* = **one half** ; *1/3* = **one third** ; *1/4* = **one fourth** ; *2/5* = **two fifths**, etc. Attention, pour les notes, on n'utilise pas les fractions mais des nombres cardinaux, *sur* se traduit **out of** (ex. : *12/20* = **twelve out of twenty**). Sache cependant que dans les pays anglo-saxons, les notes sont données sous forme de lettres de A à F.

NB : On utilise aussi les ordinaux pour les numéros de rois/reines, et on met une capitale quand on l'écrit en toutes lettres (ex. : *Henri VIII* = **Henry the Eighth**).

Banque de mots

computer science [k^{eu}m'piout^{eu} saï^{eu}ns], *informatique*

English ['inglich], *anglais*

French ['frènch], *français*

maths ['maTHs], *maths*

P.E. (physical education) ['pi 'i], *éducation physique et sportive, E.P.S.*

19 **Remets les lettres dans l'ordre pour trouver les nombres cardinaux, puis transforme-les en ordinaux, comme dans l'exemple.**

Ex. : LEVWET → twelve, the twelfth, the 12th [TH^{eu} 'touèlTH]

1. NETIGEHE → ...., the ...., the ....
2. ENIN → ...., the ...., the ....
3. YTORF → ...., the ...., the ....
4. NEWTYT-VESEN → ...., the ...., the...............

20 **Voilà les moyennes par matière de 4 élèves. Complète les phrases ci-dessous ou réponds aux questions.**

	Français	Anglais	Maths	Sport	Informatique
Karim	18.5/20	08/20	15/20	13/20	14.5/20
Nicolas	14/20	17/20	12/20	10/20	13.5/20
Juliette	09/20	11.5/20	19/20	12.5/20	16/20
Violette	15.5/20	16/20	11.5/20	16/20	07.5/20

1. Who's third in French? ....
2. Karim is .... in maths.
3. Who's first in English? ....
4. Violette is .... in computer science.
5. Who's fourth in maths? ....
6. Juliette is .... in P.E.

21 Comment traduirais-tu le nom des souverains suivants ?

1. Louis XVI :
Louis ....

2. Elisabeth II :
Elizabeth ....

3. Georges VI :
George ....

22 Traduis les fractions et pourcentages suivants.

1. 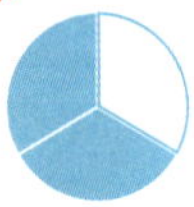 ....

2.  ....

3. 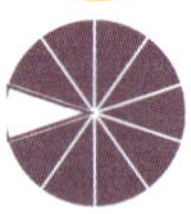 ....

4. 23.4% : .... percent.

5. 48.4% : .... percent.

La date (révisions)

Mois de l'année

(months of the year) ['meunTHs ^{eu}v DH^{eu} '**i**^{eur}]

January ['djani**ou**^{eu}ri], *janvier*

February ['fèbrou^{eu}ri], *février*

March ['mâtch], *mars*

April ['èïpr^{eu}l], *avril*

May ['mèï], *mai*

June ['dj**ou**n], *juin*

July [dj^{eu}'laï], *juillet*

August ['ôg^{eu}st], *août*

September [sèp'tèmb^{eur}], *septembre*

October [ok't^{eu}-oub^{eur}], *octobre*

November [n^{eu}-ou'vèmb^{eur}], *novembre*

December [di'sèmb^{eur}], *décembre*

Jours de la semaine

(days of the week) ['dèïz ^{eu}v DH^{eu} 'ouik]

Monday ['meundèï], *lundi*

Tuesday ['ti**ou**zdèï], *mardi*

Wednesday ['ouènzdèï], *mercredi*

Thursday ['THe**u**zdèï], *jeudi*

Friday ['fraïdèï], *vendredi*

Saturday ['sat^{eu}dèï], *samedi*

Sunday ['seundèï], *dimanche*

today [t^{eu}'dèï], *aujourd'hui*

from … to [fr^{eu}m.. t^{eu}], *de… à*

NB : Mois et jours prennent toujours une majuscule en anglais.

- Te souviens-tu de la formule utilisée pour demander la date ? C'est **What's the date today?** ['ouots DH[eu] 'dèït 't[eu]dèï].
- Saurais-tu répondre à la question ? Voici un exemple de réponse orale possible : **today is** + jour + **the** + nombre cardinal + **of** + mois (ex. : *mardi 3 avril 2019* = **Tuesday, the third of April, two-thousand and nineteen**).
- Si maintenant tu devais donner cette même date à l'écrit, ce serait : jour, mois, ordinal, année (ex. : **Tuesday, April 3rd 2019**) ou : jour, ordinal, mois et année (ex. : **Tuesday 3rd April, 2019**).
- Maintenant, si tu veux interroger sur une date ou un moment, tu auras besoin de l'interrogatif **when**, qui signifie *quand* : **when** + **to be** + sujet (ex. : **when is/when's your birthday?** [ouènz iou[eu] 'beuTHdèï], *quand a lieu ton anniversaire ?*). On fait précéder les dates de la préposition **on** (ex : **on the 3rd of April**, *le 3 avril*).
- L'année *2000* se dit **two thousand**. Pour les années après 2000, tu peux ajouter **and** ou pas : **two thousand and two** (*2002*), **two thousand twelve** (*2012*). Si tu dois donner une date avant 2000, décompose en deux nombres à deux chiffres (ex. : *1942* = **nineteen forty-two**, *1789* = **seventeen eighty-nine**).

23 Coche les affirmations correctes concernant le planning d'Annie et de son entourage.

Monday	Tuesday	Wednesday	Thursday	Friday	Saturday	Sunday
shopping	doctor five o' clock		concert	John, P. E. eleven o' clock	Fabien birthday	

☐ **1.** Annie a un rendez-vous chez le médecin, mardi à 17 heures.

☐ **2.** John a E.P.S. jeudi à 11 heures.

☐ **3.** L'anniversaire de Fabien tombe un samedi.

☐ **4.** Il y a un concert mercredi.

☐ **5.** Annie fera les courses lundi.

24 Entoure les informations exactes concernant Patrick.

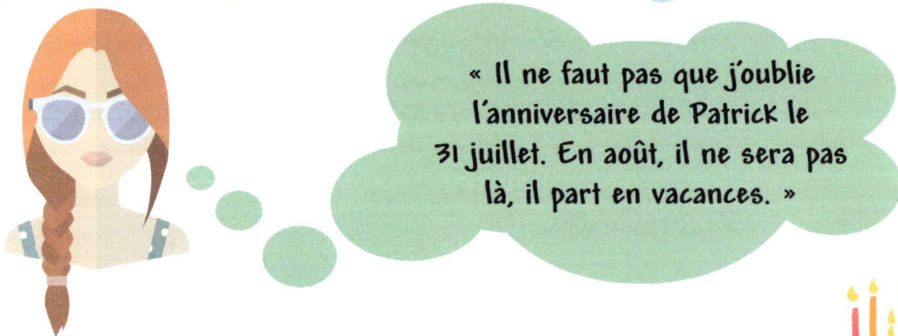

1. **Month of birth:** June – July – August
2. **Holidays:** June – July – August

25 Quel jour sommes-nous ? Traduis !

"Today is Tuesday, the tenth of July, two-thousand and seventeen."

....

26 Donne la date de naissance de Sylvia, que ce soit à l'oral ou à l'écrit.

On dit...	On écrit...
....	....
....	....
....	....

Bravo, tu es venu à bout de la première unité ! Il est maintenant temps de comptabiliser les icônes et de reporter le résultat en page 128 pour l'évaluation finale.

Unité 2
Manier les adjectifs : décrire un objet ou une personne, parler de soi et de son environnement

Have got

- Il sert à exprimer le verbe *avoir*. On l'utilise pour évoquer la possession, les liens de parenté (ou de connaissance) ainsi que des caractéristiques mentales et physiques. Les formes contractées sont données entre parenthèses.

FA ☑	**I, we, you, they have got ('ve got)** **She/he/it has got ('s got)**
FI ?	**Have I, we, you, they got?** **Has she/he/it got?** Tu répondras par **Yes, I have/she has** ou **No, I have not/haven't - she has not/hasn't**. Note que la forme contractée ne s'utilise que si la réponse est négative et que tu placeras tout interrogatif éventuel en début de phrase (ex. : **What have you got?** *Qu'as-tu ?*). Si cet interrogatif est **who**, il est suivi de la 3e personne du singulier (ex. : **Who has got a brother?** *Qui a un frère?*)
FN ☒	**I/we/you/they have not got (haven't got)** **She/he/it has not got (hasn't got)**

Banque de mots

baby ['bèïbi], *bébé*
beard ['bi^{eu}d], *barbe*
brother ['breuDH^{eur}], *frère*
freckles ['frèk^{eu}lz], *taches de rousseur*
friend ['frènd], *copain*
glasses ['glasiz], *lunettes*
guinea pig ['gini pig], *cochon d'Inde*
mark ['mâk], *note* (à un devoir)
neighbour ['nèïb^{eur}], *voisin*
only ['^{eu}-ounli] **child**, *enfant unique*
pet ['pèt], *animal domestique*
sister ['sist^{eur}], *sœur*
twin brother ['touin], *jumeau*
twin sister ['touin], *jumelle*

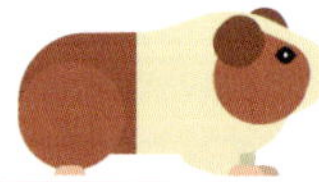

1 Complète le tableau suivant.

FA ☑	FI ?	FN ☒
1.	Has your father got a beard?	....
2.	....	We haven't got any pets.
3. My sister has got a guinea pig.	....	....
4.	Have you got a brother?	....

2 Pose la question appropriée ou réponds à l'aide d'une réponse brève.

1. Has she got a goldfish?
....

2. .... glasses?
No, they haven't.

3. .... freckles?
Yes, we have.

3 Remets les éléments dans l'ordre pour former des phrases correctes.

1. sisters/Anna's/and/got/many/brothers ....
2. neighbours/Tom's/got/no ....
3. enough/marks/He/good/got/hasn't ....
4. got/twins/have/They ....
5. few/sister/has/My/friends/got/a ....
6. and sisters/She's an/Chloe's got/only child/no brothers ....

Whose et 's – Adjectifs et pronoms possessifs (révisions)

Les adjectifs possessifs

Ils sont invariables et s'accordent avec le possesseur.

my [maï]	**your** [iô^{r}]	**his** [Hiz], **her** [Heu^{r}], **its** [its] Pronoms et adjectifs possessifs s'accordent avec le possesseur	**our** [a-ou^{eur}]	**your** [iô^{r}]	**their** [DHè-^{eur}]
mon, ma, mes	*ton, ta, tes*	*son, sa, ses* pour un homme, une femme et un animal/objet	*notre, nos*	*votre, vos*	*leur(s)*

Les pronoms possessifs

Ils sont invariables et s'accordent avec le possesseur. Ils ne sont pas précédés de l'article défini comme c'est le cas en français.

mine [maïn]	**yours** [iôz]	**his** [Hiz], **hers** [Heuz]	**ours** [a-ou^{eu}z]	**yours** [iôz]	**theirs** [DHè-^{eu}z]
le(s) mien(s), la(les) mienne(s)	*le(s) tien(s), la(les) tienne(s)*	*le(s) sien(s), la(les) sienne(s)*	*le(s) nôtre(s), la nôtre*	*le(s) vôtre(s), la vôtre*	*le(s) leur(s), la leur*

Family, *la famille*

aunt ['ãt], *tante*
cousin ['keuzin], *cousin*
daughter ['dôt^{eur}], *fille*
grandfather ['granfâDH^{eur}], *grand-père*
grandmother ['granmeuDH^{eur}], *grand-mère*
grandparents ['granpèr^{eu}ns], *grands-parents*
husband ['Heuzb^{eu}nd], *époux*
parents ['pèr^{eu}ns], *parents*
son ['seun], *fils*
uncle ['ãk^{eu}l], *oncle**
wife ['ouaïf], *épouse*

School things, *affaires d'école*

book ['bouk], *book*
calculator [kalkiou'lèït^{eur}], *calculatrice*
copybook ['kopibouk], *cahier d'exercices*
diary ['daï^{eu}ri], *agenda*
desk ['dèsk], *bureau*
pen ['pèn], *stylo*
pencil ['pèns^{eu}l], *crayon*
pencil case ['pèns^{eu}l kèïs], *trousse*
pupil ['pioup^{eu}l], *élève*
rubber ['reub^{eur}], *gomme*
ruler ['roul^{eur}], *règle*
schoolbag ['skoulbag], *cartable*
scissors ['siz^{eu}z], *ciseaux*
tube of glue ['tioub ^{eu}v 'glou], *tube de colle*

* Une petite expression amusante pour la route : **Bob's your uncle!** (*voilà ! / C'est facile ! / Rien de plus simple !*)

Whose et 's - Adjectifs et pronoms possessifs (révisions, suite)

La forme possessive

- Elle va te servir à exprimer l'appartenance ou le lien de parenté. En français, on met l'objet possédé ou le parent avant le possesseur, mais en anglais on fait le contraire : possesseur + **'s** + chose possédée/parent. Ex. : **Tom's car**, *la voiture de Tom.*
- Que faire lorsque le nom se termine par un **s** ? La même chose ! Cela ne change rien (ex. : **Thomas's car** ['tom^{eu}siz 'kâ^{r}]. As-tu remarqué qu'on ne mettait pas l'article défini **the** pour traduire *le/la* ?). Et pour les possesseurs pluriels qui finissent par un **s** ? Ajoute une apostrophe. Ex. : **my parents' computer**, *l'ordinateur de mes parents.*
- **Remarque :** Quand un élément est commun à plusieurs possesseurs, la marque du possessif est portée par le dernier possesseur mentionné. Ex. : **John and Louisa's parents**, *les parents de John et Louisa.*
- Si tu veux demander à qui appartient quelque chose, tu auras besoin de l'interrogatif **whose** ['Houz] : **whose** + nom (sans article) + **to be** conjugué + sujet. Ex. : **Whose house is it?** *À qui est cette maison ?*
- Note qu'en réponse, le nom est souvent sous-entendu après le génitif et on ne le reprend pas. Ex. : **Whose chair is it? It's Oliver's**, *À qui est cette chaise ? À Oliver.* **Is it Oliver's rubber? No, it's not. It's Adam's**, *Est-ce la gomme d'Oliver ? Non. C'est celle d'Adam.*
- À la question **whose ... is it?**, on pourra donc répondre, selon le contexte :
  - nom/prénom + **'s** (ex. : **it's Jenny's ...**)
  - adjectif possessif + nom (ex. : **it's her ...**)
  - pronom possessif (ex. : **it's hers**).

4 Complète les espaces par 's ou par l'adjectif ou le pronom possessif qui convient.

1. My sister's coat is there = ... coat is there.

2. Mike's car is big = ... car is big.

3. You've got a sister. Her name is Rita = ... sister .... name is Rita.

4. Liam and Jack's father has got a beard = ... father has got a beard.

5. It's not my pen. It's Olivia ... = It's not mine, it's ....

6. It's not my brother's desk. It's my desk = It's ....

5 **Indique les liens de parenté entre ces personnages en formant des phrases complètes (/ signifie *par rapport à*).**

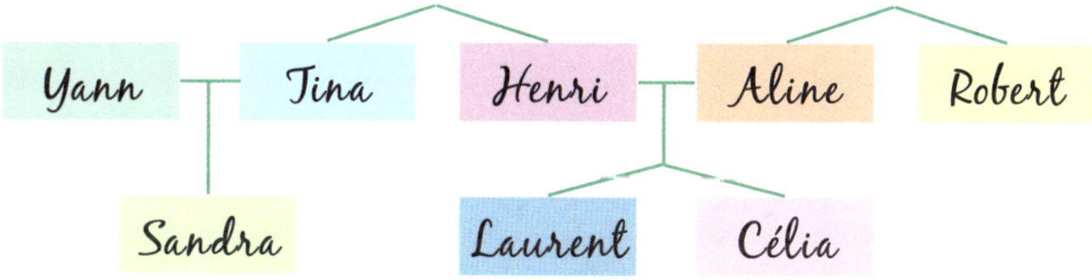

1. Henri et Aline/Laurent et Célia : ....

2. Laurent et Célia/Henri et Aline : ....

3. Sandra/Laurent et Célia : ....

4. Yann et Robert/Laurent et Célia : ....

5. Tina/Laurent et Célia : ....

6. Laurent/Célia : ....

7. Célia/Laurent : ....

8. Sandra/Yann et Tina : ....

9. Célia/Henri et Aline : ....

10. Laurent/Henri et Aline : ....

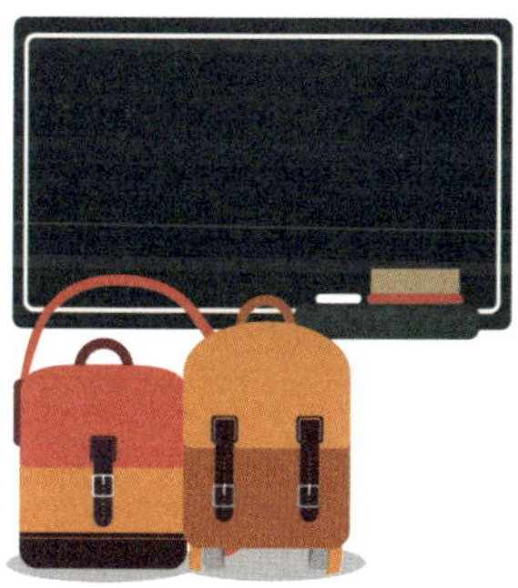

6 **Complète les espaces à l'aide de their, there, they're, there's ou theirs.**

1. .... a schoolbag on the desk.
2. .... aunt is beautiful.
3. I like your sunglasses. .... nice.
4. .... are scissors on the book.
5. Sarah's not our cousin. She's ....

7 **Complète les phrases en formulant la question ou la réponse qui correspond à l'illustration, de la même manière que dans les phrases déjà complétées.**

Liam

Manon

Diana

Lucas

1. Is it Diana's diary?

....

2. Whose schoolbag is it?

....

3. .... ?
It's Manon's.

4. Is it Lucas's ruler?

....

5. Whose rubber is it?

....

6. Whose .... are these?
These are.......................

7. Is it Lucas's copybook?

....

8. Is it Manon's calculator?

....

9. Whose .... is it?

....

10. .... ?
It's Liam's.

11. Whose pencils are these?

....

12. Whose .... is it?

....

Adjectifs qualificatifs

- Nous avons évoqué précédemment quelques adjectifs attributs (d'émotion et de nationalité). Souviens-toi : ils sont invariables. Comme en français, les adjectifs peuvent aussi être épithètes (non séparés du nom par un verbe d'état comme **être**). Eux aussi sont invariables mais se placent avant le nom. Ex. : **a beautiful boy**, *un beau garçon*; **beautiful girls**, *de belles filles.*
- Si tu veux renforcer un adjectif (*très...*), tu peux le faire précéder de l'adverbe **very** ['vèri]. Ex. : **very easy**, *très facile(s).*

Les adjectifs de couleur (révisions)

- **black** ['blak]
- **brown** ['bra-oun]
- **blue** ['bl**ou**]
- **green** ['grin]
- **grey** ['grèï]
- **orange** ['orindj]
- **pink** ['pink]
- **purple** ['peup^{eu}l]
- **red** [rèd]
- **white** ['ouaït]
- **yellow** ['ièl^{eu}-ou]

- Deux expressions utilisant les couleurs : **to feel blue**, *avoir le cafard*, **to see red**, *être très en colère.*
- Pour demander la couleur de quelque chose (révision) : **what colour is/are** [ouot 'keul^{eur} iz/**âr**] + nom**?**, *de quelle couleur est/sont... ?*

Banque de mots

belt [bèlt], *ceinture*

boots ['b**ou**ts], *bottes*

cap ['kap], *casquette*

coat ['k^{eu}out], *manteau*

dress ['drès], *robe*

glasses ['glasiz], *lunettes*

gloves ['glovz], *gants*

hat ['Hat], *chapeau*

hoodie ['Houdi], *sweat à capuche*

jewels ['dj**ou**^{eu}lz], *bijoux*

necklace ['nèkl^{eu}s], *collier*

scarf ['skâf], *écharpe*

shirt ['sh**eu**t], *chemise*

shoes ['ch**ou**z], *chaussures*

skirt ['sk**eu**t], *jupe*

sneakers ['snik^{eu}z], *baskets*

socks ['soks], *chaussettes*

suit ['s**ou**t], *costume*

sunglasses ['seunglasiz], *lunettes de soleil*

sweater ['souèt^{eur}], *pull*

tie ['taï], *cravate*

T-shirt ['ti-'ch**eu**t], *tee-shirt*

tracksuit ['traks**ou**t], *survêtement*

trousers (pluriel) ['traouz^{eu}z], *pantalon*

umbrella [am'brèl^{eu}], *parapluie*

watch ['ouotch], *montre*

8 **Fabien et Emma vont chercher leurs correspondants Jim et Juliet à l'aéroport. Entoure-les en t'aidant de leur description.**

Jim has got blue sneakers, a green shirt, sunglasses and a red cap.
Juliet has got a purple skirt, a pink belt, a yellow T-shirt and a hat.

a. b. c. d.

9 **Tes parents cherchent le professeur de maths et la professeure d'anglais lors de la réunion parents-profs. Peux-tu leur décrire leur tenue en utilisant have got ?**

....

....

....

....

....

....

Les adjectifs de nationalité (révisions)

American [^{eu}'mèrik^{eu}n], *américain*
Chinese [tchaï'niz], *chinois*
English ['inglich], *anglais*
French ['frènch], *français*
German ['djeum^{eu}n], *allemand*
Irish ['aïrich], *irlandais*
Italian [i'tali^{eu}n], *italien*
Scottish ['skotich], *écossais*
Spanish ['spanich], *espagnol*

10 Comment traduirais-tu les phrases suivantes ?

1. – Est-ce que son père est écossais ? ....?
   – Non, mais il a un oncle écossais. ....
2. – Nous avons un voisin espagnol. ....
   – Pardon ? ....?
   – Notre voisin est espagnol. ....
3. – Ton mari est-il américain ? ....?
   Non, il est anglais. ....
4. – Est-ce que tu as un ami chinois ? ....?
   – Non, mais ma femme est chinoise. ....
5. Il a deux cousines allemandes et sa tante est irlandaise. ....
   ....

Couples de contraires

beautiful/ugly ['biout^{eu}f^{eu}l] ['eugli], *beau/laid*

big/small ['big] ['smôl], *grand/petit* (taille)

clean/dirty ['klin] ['deuti], *propre/sale*

fat/slim ['fat] ['slim], *gros/mince*

good/bad ['goud] ['bad], *bon/mauvais*

new/old ['niou] ['^{eu}-ould], *nouveau/ancien*

nice/nasty ['naïs] ['nasti], *gentil/méchant*

polite/rude [p^{eu}'laït] ['roud], *poli/grossier*

short/long ['chôt] ['long], *court/long*

strong/weak ['strong] ['ouik], *fort/faible*

sweet/sour ['souit] ['sa-ou^{eur}], *sucré/amer*

tall/short ['tôl] ['chôt], *grand/petit* (hauteur)

young/old ['ieung] ['^{eu}/ould], *jeune/vieux*

angry [èngri], *en colère*

bald ['bôld], *chauve*

bored [bôd], *qui s'ennuie*

brave ['brèïv], *courageux*

clumsy ['kleumzi], *maladroit*

disappointed [dis^{eu}'poïntid], *déçu*

divorced [d^{eu}'vôst], *divorcé*

funny ['feuni], *drôle*

handsome ['Hèns^{eu}m], *beau* (pour un homme)

homeless ['H^{eu}-ouml^{eu}s], *sans domicile fixe*

house/home ['Haous]/['H^{eu}/oum], *maison/foyer*

intelligent [in'tèlidj^{eu}nt], *intelligent*

job ['djob], *emploi*

lazy ['lèïzi], *paresseux*

married ['marid], *marié*

not any more, *ne plus*

pregnant ['prègn^{eu}nt], *enceinte*

proud ['pra/oud], *fier*

scared ['skè^{eu}d], *effrayé*

selfish ['sèlfich], *égoïste*

shy ['chaï], *timide*

sick ['sik], *malade*

single ['sing^{eu}l], *célibataire*

surprised [s^{eu}'praïzd], *surpris*

talkative ['tôk^{eu}tiv], *bavard*

teenager [ti'nèïdj^{eur}], *adolescent*

tired ['taï^{eu}d], *fatigué*

unemployed [eun'èmploïd], *sans emploi*

11 Trouve les 11 adjectifs suggérés par les indices ci-dessous ; attention, les mots peuvent être à l'envers !

D	E	S	I	R	P	R	U	S	P	D	T	Y	H	E
S	E	A	R	E	E	L	E	R	U	V	E	N	H	E
M	O	T	I	O	N	A	E	O	T	I	R	E	D	S
D	J	E	C	T	I	G	R	B	V	E	S	R	T	K
W	Q	S	F	U	N	P	L	O	Z	U	E	B	C	V
E	U	S	P	A	B	T	D	R	F	U	N	N	Y	R
F	Q	W	N	T	L	R	Q	E	Y	X	S	A	R	X
S	D	T	Z	W	F	T	H	D	D	R	F	O	S	M
O	U	G	I	W	P	A	Q	J	V	B	G	Q	O	B
F	Y	N	U	L	B	V	S	I	C	K	C	N	F	Z
D	I	S	A	P	P	O	I	N	T	E	D	Q	A	G
S	C	A	R	E	D	E	Z	B	W	E	Y	Q	A	J
P	F	X	U	E	D	O	A	J	I	U	A	L	C	P
M	Q	W	N	H	T	G	O	C	C	J	A	I	P	N
A	L	F	W	S	K	N	Q	H	E	T	J	X	Z	T

1. ressent de la peur
2. attend un bébé
3. pas honteux, au contraire
4. rougit facilement quand on lui parle
5. s'ennuie
6. a besoin d'un docteur
7. fâché tout rouge !
8. avait des attentes plus élevées
9. fait rire autour de lui
10. exténué
11. ne s'attendait pas à ça

12 Qui suis-je ?

	selfish	clumsy	brave	intelligent	lazy	talkative
Mark	✗	✗	✗	✓	✓	✗
Ian	✓	✗	✓	✗	✓	✗
Liam	✗	✓	✗	✗	✗	✓
Erik	✓	✓	✗	✓	✗	✗

1. Je suis paresseux mais intelligent.
   ....
2. Je suis égoïste mais courageux.
   ....
3. Je suis maladroit et bavard.
   ....
4. Je suis intelligent mais maladroit.
   ....
5. Je ne suis ni bavard ni égoïste, mais je suis paresseux.
   ....
6. Je ne suis ni paresseux ni courageux, mais je suis bavard.
   ....

13 **Complète les mots fléchés suivants, en donnant les adjectifs opposés à ceux fournis en indices.**

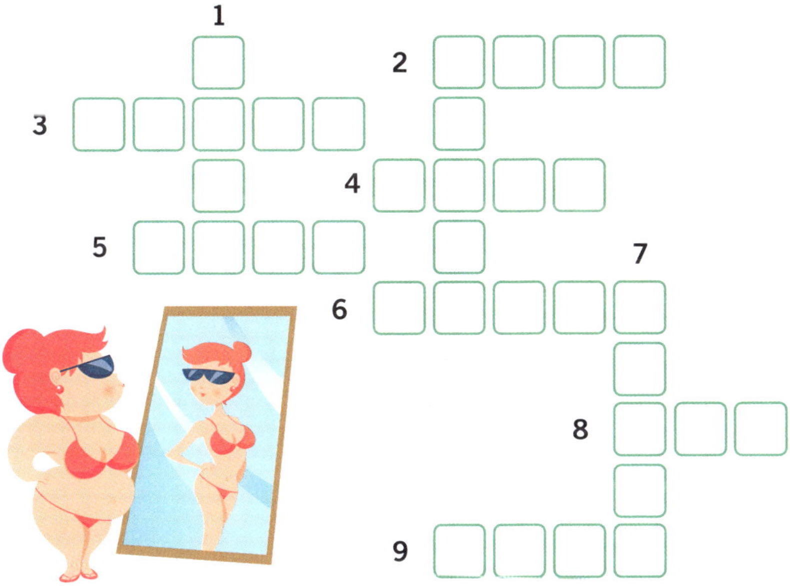

Horizontalement
2. fat
3. old
4. short
5. strong
6. dirty
8. happy
9. beautiful

Verticalement
1. polite
2. big
7. nice

14 **Reformule ces énoncés à l'aide d'un des adjectifs suivants.**

1. He's got no hair •	• homeless	→	....
2. She's got no job •	• divorced	→	....
3. They've got no home •	• bald	→	....
4. He hasn't got a girlfriend •	• single	→	....
5. She's got a husband •	• unemployed	→	....
6. They aren't married anymore •	• married	→	....

The body and the face (corps et visage, révisions)

- Pour demander une précision sur l'aspect d'une partie corporelle, on utilise la structure **what are/is … like?**, *comment sont/est… ?*
- Pour être plus spécifique sur la longueur, la grosseur, la taille, on utilise l'interrogatif **how**, suivi de l'adjectif approprié : **how long**, *quelle longueur*; **how tall**, *quelle hauteur*; **how big**, *quelle grosseur*, etc.
- Voici des adverbes utiles dans les réponses possibles, pour indiquer le degré : **very** [vèri], *très*; **rather** ['raDH^{eur}], *plutôt*; **not very**, *pas très*; **not at all** [neut ^{eu}tôl], *pas du tout.*

15 **TEST DE RÉVISION (vocabulaire vu en 6e). Voyons ce dont tu te souviens et ce que tu as peut-être oublié. Complète les deux schémas suivants.**

16 **L'inspecteur Search recherche un couple de pickpockets qui lui a été signalé par un touriste anglais. Peux-tu l'aider à identifier ces deux individus ?**

"He's very tall, he's got long slim legs but a big belly, he's got a big head and short dark hair, very big ears, a long nose and blue eyes. She's short, she's got fat legs, she's got curly blond hair, a very big nose and a small mouth, she's got brown eyes."

	carrure	jambes	ventre	tête	type cheveux	couleur cheveux	oreilles	nez	yeux
Homme 1	Not short	Not short	Not slim	Not small	Not short, not long		normal	Not short	
Homme 2	Not short	Not short	Not slim	Not small	Not long		Really not small	Not short	

	taille	cuisses	couleur cheveux	type cheveux	nez	bouche	yeux
Femme 1	Not tall	Not slim			Not short	Not big	
Femme 2	Not tall	Not slim			Really not small	Not big	

L'homme ...... et la femme ...... forment le couple coupable.

17 **Vanessa décrit en français ses sœurs jumelles à Joe, son correspondant américain, mais il ne comprend rien ! Traduis sa description en anglais.**

« Mes sœurs sont petites, rousses. Elles ont des taches de rousseur, de longs cheveux lisses et des yeux verts. Elles ont un long nez mais des bras et des jambes courts. »

....
....
....
....
....
....
....
....

18 **Pose les questions portant sur la partie soulignée.**

1. ....?
This towel is <u>not clean at all</u>. It's dirty.

2. ....?
My sister is <u>rather funny</u>.

3. ....?
His cousin is <u>not very tall</u>.

4. ....?
Their dog is <u>very ugly</u>.

19 **Réponds aux questions suivantes et apporte des précisions quand tu le peux.**

1. How long is Laura's hair?
....
....

2. How young is Mrs Lawson?
....
....

3. How fat is your friend?
....
....

Le comparatif (révisions)

- Il sert à exprimer l'infériorité, l'égalité et la supériorité à l'aide d'adjectifs. Pour utiliser ces formes, il faut savoir si l'adjectif est court ou long. On considère comme courts les adjectifs d'une syllabe (ex. : **cute** ['kiout], *mignon*) et ceux de deux syllabes qui se terminent par **y** ou **er** (ex. : **easy**, *simple*; **bitter**, *acide*).

- si un adjectif se termine par une voyelle puis une consonne, on double cette consonne (ex. : **big** → **bigger** ['big^{eur}]) ;
- un adjectif finissant par **-y** prendra la désinence **-ier** (ex. : **happy** → **happier** ['Hapi^{eur}]) ;
- il faut que tu connaisses les formes irrégulières des adjectifs **good** et **bad** : **good** → **better** ['bèt^{eur}], **bad** → **worse** ['oueus].

Un petit proverbe pour la route :
The more the merrier (*Plus on est de fous, plus on rit*).

Exprimer...	Adjectifs courts	Adjectifs longs
l'égalité : *(pas) aussi... que...*	**(not) as ... as** [az ... az] Ex. : **as funny/boring as**, *aussi drôle/ennuyeux que*	
l'infériorité : *moins... que...*	**less ... than** [lès ... DHan] Ex. : **less cute than**, *moins mignon que*; **less beautiful than**, *moins beau/belle que*	
la supériorité : *plus... que...*	adj + **-er ... than** [^{eur} ... DHan] Ex. : **bigger than**, *plus gros que*	**more** + adj + **than** [mô^{r} ... DHan] Ex. : **more interesting than**, *plus intéressant que*

Banque de mots

amazing [^{eu}'mèïzing], *incroyable, épatant*
complicated/easy [kompli'kèïtid] ['izi], *difficile/facile*
expensive/cheap [ik'spènsiv] ['tchip], *cher/bon marché*
interesting/boring ['intristing] ['bôring], *intéressant/ennuyeux*
sweet/bitter ['souit] ['bit^{eur}], *sucré/acide*

20 Construis des énoncés au comparatif de supériorité ou d'égalité.

1. *facile* → informatique > maths : ....
2. *acide* → citron > pomme : ....
3. *bon* → chocolate > lemons : ....
4. *jeune* → Pamela > Suzanne : ....
5. *cher* → trottinette ≠ voiture : ....
6. *sucrée* → pomme ≠ chocolat : ....

Le superlatif

- Il sert à traduire *le/la/les plus/moins* + adj. Il te permettra de hiérachiser, d'évoquer des records ou même de porter un jugement de valeur sur quelqu'un ou quelque chose.

	Adjectifs courts	Adjectifs longs
Superlatif d'infériorité : *le moins...*	**the least...** [DH^{eu}... list] Ex. : **the least nice**, *le moins sympathique*; **the least talkative**, *le moins bavard*	
Superlatif de supériorité : *le plus...*	**the** + adj + **-est** [DH^{eu} ...^{eu}st] Ex. : **the smallest**, *le plus petit*	**the most** [DH^{eu} m^{eu-}oust] + adj. Ex. : **the most disappointed**, *le plus déçu*

- Comme pour le comparatif, trois petites remarques :
  - si un adjectif se termine par une voyelle et une consonne, on double cette consonne. Ex. : **big** → **biggest** ['big^{eu}st]
  - s'il se termine par **-y**, il prendra la désinence **-iest**. Ex. : **happy** → **happiest** ['Hapi^{eu}st]
  - les adjectifs **good** et **bad** ont des formes irrégulières à apprendre : **the best** ['bèst] et **the worst** ['oueust].

- On utilise la préposition **in** pour dire *du/de la* (*le meilleur élève de la classe, l'homme le plus riche de la ville*, etc.) : **in the world** ['oueuld], *au monde*; **in town** ['ta-oun], *de la ville*; **in** + pays, **de** + pays; **in (the) class**, *de la classe. Le plus/moins de tous/toutes* : **the most/least of all**.

Un petit proverbe pour la route : **Hope for the best, prepare for the worst**, *Espère le meilleur, mais prépare-toi au pire.*

21 **Pose la question qui permet d'obtenir les réponses suivantes.**

Rebecca Jack George

200 € 50 € 150 €

Mia Vanessa Emma

1. a. ....?
George is.
b. ....?
Jack is.

2. ....?
The glasses are.

3. ....?
Mia has.

22 Il y a beaucoup d'erreurs dans ces phrases utilisant le superlatif, à toi de les améliorer !

1. This is the less beautiful dog of the world.

....

2. My brother is the most lazy boy in (the) class.

....

3. Mr Ancient is the oldest man in town. He's 100.

....

4. You're the selfishest girl in (the) class.

....

5. My friend Fabien is the most funier of all.

....

6. Is your sister the shyest girl there is?

....

23 Construis des phrases avec superlatif à partir des éléments fournis, puis traduis-les.

1. This fruit is .... **(the – bitter)** in the world.

....

2. This film is .... **(the + amazing)** there is.

....

3. Clara is .... **(the + nice)** girl of all.

....

4. That book is .... **(the – interesting)** there is.

....

5. I'm not .... **(the + bad)** pupil in the class.

....

La forme exclamative

Comme en français, elle sert à exprimer un sentiment, positif ou négatif (colère, surprise, étonnement, etc.). Elle peut contenir un verbe, ou pas. Il existe 2 types de phrases exclamatives, selon que l'exclamation porte :

Sur un nom (ou groupe nominal)

- **what a/an** + nom singulier ou **what Ø** + nom pluriel. Ex. : **What a nice <u>boy</u>! What nice <u>boys</u>!**
- **such** + nom singulier ou **such Ø** + nom pluriel. Ex. : **He's such a nice <u>boy</u>! They're such nice <u>boys</u>!**
- **NB :** Il peut y avoir un verbe… ou pas ! Ex. : **She's got such a nice house, this is such a nice house, what a nice house!**

Sur un adverbe ou un adjectif

- **so**. Ex. : **He's so <u>nice</u>!**
- **how**. Ex. : **How <u>nice</u> he is!**

24 Coche les structures correctes.

1. ▢ How is expensive this necklace!
   ▢ This necklace is so expensive!
   ▢ What expensive necklace!

2. ▢ What amazing a film!
   ▢ This film so is amazing!
   ▢ This is such an amazing film!

3. ▢ How lazy this dog is!
   ▢ It's such a lazy dog!
   ▢ This dog is so lazy!

4. ▢ What rude boys!
   ▢ They are such rude boys!
   ▢ How these boys are rude!

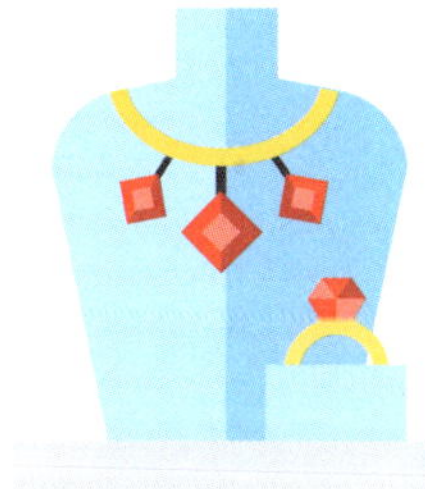

25 Complète les phrases avec **so**, **what**, **such**, ou **how**.

1. .... beautiful girls your sisters are!
2. .... long this scarf is!
3. Your glasses are .... big!
4. This is .... a good book!
5. .... a funny man Thomas is!
6. These pupils are .... shy!

26 Donne les 4 façons de s'exclamer à partir des affirmations suivantes.

1. This is a nice dress :

....!
....!
....!
....!

2. These are sweet apples :

....!
....!
....!
....!

Bravo, tu es venu à bout de la deuxième unité ! Il est maintenant temps de comptabiliser les icônes et de reporter le résultat en page 128 pour l'évaluation finale.

Unité 3
Savoir utiliser les deux présents

Le présent *Be + -ing*

Il se construit de la manière suivante : **to be** + BV (base verbale) + désinence **-ing.** Il n'y a que l'auxiliaire **to be** qui change selon le sujet. On utilise ce temps pour évoquer une action en cours ou pour décrire un état/aspect valable au moment où l'on parle. Les formes contractées sont données entre parenthèses.

<table>
<tr><th></th><th>I</th><th>You</th><th>She/he/it</th><th>We/you/they</th></tr>
<tr><td rowspan="2">FA
☑</td><td>I am ('m) eating</td><td>you are ('re) eating</td><td>she/he/it is ('s) eating</td><td>we/you/they are ('re) eating</td></tr>
<tr><td colspan="4">Si le verbe se finit par une consonne, on la double (ex. : run → running), s'il finit par un e, celui-ci disparaît (ex. : write → writing).</td></tr>
<tr><td rowspan="2">FI
?</td><td>Am I eating?</td><td>Are you eating?</td><td>Is she/he/it eating?</td><td>Are we/you/they eating?</td></tr>
<tr><td colspan="4">• Tu ne répondras pas juste par yes ou no, mais tu devras reprendre le sujet et l'auxiliaire to be. Ex. : Are you reading? Yes, I am/No I'm not. Is he going? Yes, he is/No, he's not ou no, he isn't.
• Tu ne pourras employer la forme contractée que si la réponse est négative. S'il y a un interrogatif dans la phrase comme who ou what, mets-le en début de phrase. Ex. : Who is crying? Qui est en train de pleurer ? What is he eating? Que mange-t-il ?</td></tr>
<tr><td rowspan="4">FN
☒</td><td colspan="4">Forme pleine</td></tr>
<tr><td>I am not eating</td><td>you are not eating</td><td>she/he/it is not eating</td><td>we/you/they are not eating</td></tr>
<tr><td colspan="4">Forme contractée</td></tr>
<tr><td>I'm not eating</td><td>you're not eating (ou you aren't eating)</td><td>she/he/it's not eating (ou she/he/it isn't eating)</td><td>we/you/they're not eating (ou we/you/ they aren't eating)</td></tr>
</table>

Banque de mots

bagpipe ['bagpaïp], *cornemuse*

bell ['bèl], *cloche*

chess ['tchès], *les échecs*

clarinet [klari'nèt], *clarinette*

cricket ['krikit], *cricket*

drum ['dreum], *batterie*

end ['ènd], *fin*

handball ['Handb**ô**l], *handball*

homework ['H^{eu}oum-ou**euk**], *devoirs*

inside ['insaïd], *à l'intérieur*

novel ['neuv^{eu}l], *roman*

outside ['a-outsaïd], *dehors*

period ['piri^{eu}d], *heure de cours*

song ['song], *chanson*

uniform ['**iou**nif**ô**m], *uniforme*

to cry ['kraï], *pleurer*

to do ['dou], *faire*

to drink ['drink], *boire*

to eat ['it], *manger*

to explain [iks'plaïn], *expliquer*

to get dressed ['gèt 'drèst], *s'habiller*

to help ['Hèlp], *aider*

to laugh ['laf], *rire*

to make ['mèïk], *préparer, confectionner*

to play ['plèï], *jouer* : Ø + sport, **the** + instrument de musique, ou *jeu*

to read ['rid], *lire*

to ring ['ring], *sonner*

to run ['reun], *courir*

to set the table ['sèt DH^{eu} 'tèïb^{eu}l], *mettre la table*

to sing ['sing], *chanter*

to sleep ['slip], *dormir*

to smile ['smaïl], *sourire*

to smoke ['sm^{eu}-ouk], *fumer*

to swim ['souim], *nager*

to walk ['wôk], *marcher*

to watch ['ouotch], *regarder*

to wear ['ouè^{eur}], *porter un vêtement*

to write ['raït], *écrire*

to cook ['kouk], *cuisiner*

1 **Passe les phrases suivantes à la forme demandée entre parenthèses.**

1. Your mother is making a cake *(FI)* ....?
2. The neighbour's children are laughing *(FN)* ....
3. Is Juliet watching a film? *(FA)* ....
4. The baby isn't sleeping *(FI)* ....?
5. Is Oliver's brother doing his homework? *(FN)* ....

2 **Complète les phrases par l'article the ou l'article Ø.**

1. My brothers are playing .... cricket outside.
2. Is your sister playing .... bagpipe?
3. My friend and I are playing .... drum.
4. You're not playing .... handball.

3 Pose les questions correspondant aux réponses données.

1. ....? Irina is.
2. ....? My sisters are.
3. ....? Henry is.
4. ....? Jim and Robert are.

4 Simon, Paul, Jules et Léo sont frères. Essaie de trouver Jules, d'après la description que sa mère nous en fait.

	vêtements portés	comportement	activité
1			
2			
3			
4			

Jules est le frère n° ...

5 **Sépare les mots au bon endroit à l'aide de traits pour obtenir 5 phrases correctes.**

1. THISISTHEENDOFTHEPERIODTHEBELLISRINGING
2. THETEACHERISEXPLAININGTHELESSON
3. THECHILDRENAREPLAYINGINSIDE
4. MYFRIENDISPLAYINGTHECLARINET
5. MYFATHERISGETTINGDRESSED
6. WHATISHEDOING?

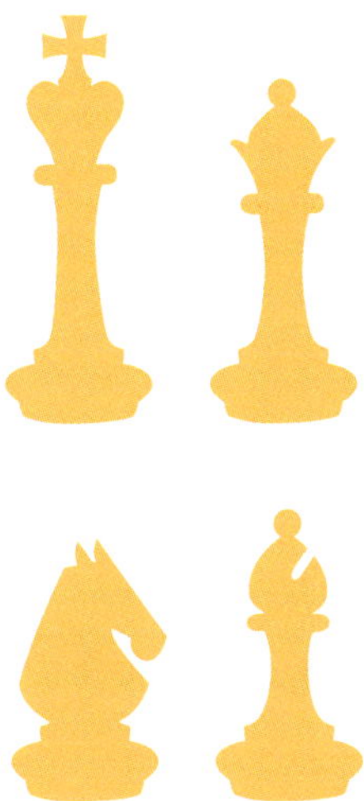

6 **Remets les éléments dans l'ordre.**

1. his/Tom/grandmother/helping/'s

....

2. crying/'s/baby/the

....

3. smoking/father/my/is

....

4. the/'s/table/sister/setting/my

....

5. playing/'re/chess/we

....

7 **Conjugue les verbes entre parenthèses au présent -ing et complète avec le complément le plus pertinent.**

uniform / football / homework / dinner / song / novel

1. Anna and Alan .... (wear) a ....
2. .... your husband .... (cook) .... ?
3. She .... (not – read) a ....
4. Our cousins .... (play) ....
5. We .... (not – do) our ....
6. .... your teacher .... (sing) a .... ?

8 Complète les cases de ce tableau.

	question	réponse et correction éventuelle
1. 	Is he setting the table?	....
2. 	....?	Yes, they are.
3. 	Is Emma crying?	....
4. 	....?	Yes, they are.
5. 	Is she eating?	....

- Pour demander la raison de quelque chose, on utilise l'interrogatif **why** [ouaï], qui signifie *pourquoi* : **Why is/are** + sujet + verbe **-ing**, *Pourquoi est/sont-il(s) en train de… ?*
- On y répond avec une phrase commençant par **because** ['bikeuz], qui signifie *parce que, car*. Ex. : **Why is she singing? She's singing because she's happy.**

Banque de mots

cold ['k^{eu}-ould], *froid**
hot ['Heut], *chaud*
hungry ['Heungri], *qui a faim*
late ['lèït], *tard, en retard*
thirsty ['THeusti], *assoiffé*

* Une petite expression pour la route : **to get cold feet** (*avoir les jetons*).

9 **Construis des phrases comme dans l'exemple et entoure le bon adjectif.**

Ex. : why - your wife - smile? → Why is your wife smiling?

Réponse : she's smiling because she's cold - late - (happy)

1. why - Ryan - wear a coat? ....?

hungry - cold - late ....

2. why - your sister - eat? ....?

thirsty - hungry - late ....

3. why - you - run? ....?

sad - late - tired ....

4. why - Charles - drink? ....?

late - thirsty - sad ....

Le présent simple

Ce temps permet de parler de ses habitudes, activités, de ses goûts et opinions et de faits généraux ou permanents.

Formation

<table>
<tr><td>FA ☑</td><td colspan="2">BV à toutes les personnes, avec ajout d'un s final à la 3e pers. du sing.
I/you run, she/he/it runs, we/you/they run</td></tr>
<tr><td rowspan="2">FN ☒</td><td colspan="2">Sujet + auxiliaire do (does à la 3e pers. sing.) + not + BV</td></tr>
<tr><td>Forme pleine
I/you do not eat [dou not]
she/he/it does not eat [deuz not]
we/you/they do not eat</td><td>Forme contractée
I/you don't eat ['d(eu)-ount]
she/he/it doesn't eat ['deuz(eu)nt]
we/you/they don't eat</td></tr>
<tr><td>FI ?</td><td colspan="2">• Do (does à la 3e pers. sing.) + sujet + BV?
Do I/you eat?, does she/he/it eat?, do we/you/they eat?
• Pour répondre par oui ou non, reprends le sujet + l'auxiliaire. Ex. : Do you like me? Yes, I do / No, I do not ou No, I don't
• S'il y a un interrogatif, il se place en début de phrase. Ex. : Why does he come?, Pourquoi vient-il ? What do you read?, Que lis-tu ?
• Comment faire avec who? Who + verbe à la 3e pers. sing. Ex. : Who calls?, Qui appelle ?</td></tr>
</table>

Le présent simple (suite)

Cas particuliers à retenir pour la 3e pers. sing.

- on ajoute **-es** si le verbe finit par **ch**, **sh**, **o**, **s**, **x**, **z**, **s**. Ex. : **he/she watches** ['ouotchiz], **he/she goes** ['g^{eu}-ouz] ;
- si le verbe se termine par un **y**, rien à signaler si celui-ci est précédé d'une voyelle (ex. : **play** → **plays**), mais s'il est précédé d'une consonne, il se transforme en **-ies** (ex. : **cry** → **cries**).

Utilisation ①

Pour parler de faits/vérités généraux. Ex. : **The sun rises in the East**, *Le soleil se lève à l'est.*

Utilisation ②

Pour une action habituelle, ou à caractère plus ou moins permanent. Ex. : **I live in Paris**, *J'habite à Paris.* **Scottish men wear kilts**, *Les Écossais portent des kilts.*

Deux proverbes : **Practice makes perfect**, *C'est en forgeant que l'on devient forgeron* ; **What goes around comes around**, *On récolte ce qu'on sème.*

Banque de mots

bathroom ['baTHroum], *salle de bains*

bedroom ['bèdroum], *chambre*

dining room ['daïning roum], *salle à manger*

how ['Haou], *comment*

kitchen ['kitch^{eu}n], *cuisine*

living room ['living roum], *salon*

to speak ['spik] **English**, *parler anglais*

to wash ['ouoch], *laver*

10 Conjugue les verbes fournis entre parenthèses au présent simple.

1. .... you .... (play) chess?
2. She .... (not cook).
3. He .... (read) English novels.
4. .... they ....(wear) tracksuits?
5. We .... (not play) the piano.
6. I .... (help) my sisters.

11 Forme des phrases au présent simple à l'aide des éléments fournis.

1. (she - not - drink milk) ……………………………

2. (they - eat - many biscuits?) ……………………………

3. (I - not - watch TV) ……………………………

4. (the baby - cry) ……………………………

5. (you - not go to bed - at 10 p.m.) ……………………………

6. (English pupils - wear - uniforms?) ……………………………

7. (you - speak English?) ……………………………

8. (My brother - not smoke) ……………………………

12 Traduis la question en anglais, puis réponds à l'aide du vocabulaire que tu connais déjà et celui de la banque de mots ci-dessus.

1. Que fais-tu dans la cuisine ?

……………………………?

→ ……………………………

2. Que fais-tu dans la chambre ?

……………………………?

→ ……………………………

3. Que fais-tu dans le salon ?

……………………………?

→ ……………………………

4. Que fais-tu dans la salle à manger ?

……………………………?

→ ……………………………

5. Que fais-tu dans la salle de bains ?

……………………………?

→ ……………………………

13 **Trouve les 4 saisons dans la grille, puis place-les dans la traduction que tu feras des phrases suivantes.**

A	P	P	L	E	S	G
F	A	P	I	E	P	R
S	U	M	M	E	R	A
P	T	A	T	F	I	P
E	U	I	C	E	N	E
A	M	H	O	T	G	S
S	N	C	O	L	D	A
A	W	I	N	T	E	R

1. Il pleut en automne

....

2. Il neige en hiver

....

3. Le soleil brille en été et au printemps

....

Évoquer sa routine et la fréquence de ses activités habituelles

- Lorsque tu mentionnes un jour donné, il faut mettre la préposition **on** devant ce jour (et non l'article défini comme en français) et un **s** au jour. Ex. : **I don't go to school on Sundays**, *Je ne vais pas à l'école le dimanche.*
- *Chaque/tous les* se dit **every** ['èvri] + singulier (cette fois-ci, c'est en anglais qu'on ne met pas au pluriel !). **Every day**, *tous les jours*; **every week**, *toutes les semaines*; **every month**, *tous les mois.*
- Si tu veux évoquer un créneau horaire (*de… à…*), tu emploieras **from… to…** [fr^{eu}m… t^{eu}]. Ex. : **I eat from 1 to 2 p.m.**
- On utilise souvent le présent simple avec des adverbes de fréquence comme *toujours, jamais*, etc. (voir Banque de mots).
- Pour demander *quand* on fait quelque chose : **when** + présent simple + **?**
- *à quelle fréquence* on fait quelque chose : **how often** + présent simple + **?**
- Les adverbes de fréquence se placent entre le sujet et le verbe (ex. : **I sometimes read poetry**, *Je lis parfois de la poésie*).

Banque de mots

always ['ôlouèïz], *toujours*

in the morning [in DH^{eu} 'môning], *le matin*

in the afternoon [aft^{eu}'noun], *l'après-midi*

in the evening ['ivning], *le soir*

to hike ['Haïk], *faire de la randonnée*

to jog ['djog], *faire du jogging*

never ['nèv^{eur}], *jamais*

newspaper ['niouzpèïp^{eur}], *journal*

often ['of^{eu}n], *souvent*

once/twice a week/month ['oueuns/'touaïs], *une fois/deux fois par semaine/mois*

sometimes ['seumtaïmz], *parfois*

usually ['iouj^{eu}li], *généralement*

14 **Pour chaque bulle, reconstitue un adverbe de fréquence à partir des lettres fournies, puis classe-les du plus fréquent au moins fréquent.**

1 WSYLAA

2 SMOESIETM

3 YULASLU

4 TNOEF

5 REVEN

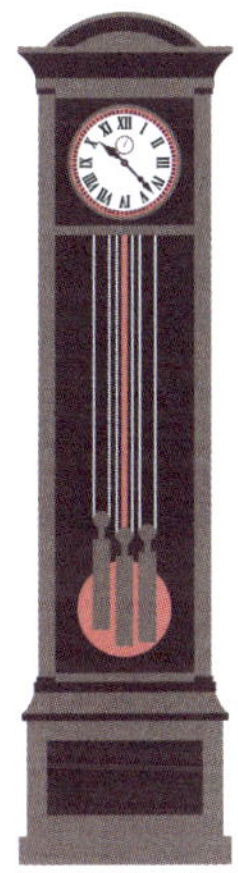

1 ....

2 ....

3 ....

4 ....

5 ....

..... - ..... - ..... - ..... - .....

15 **Intègre les adverbes de fréquence suivants dans chaque phrase.**

1. I go to the cinema – **NEVER**

....

2. My parents go to the restaurant – **OFTEN**

....

3. My husband reads the newspaper – **SOMETIMES**

....

16 **L'inspecteur Dupont doit travailler avec l'inspecteur Harrison. Il récapitule ce qu'il connaît ou non des habitudes de ses suspects mais ne sait pas comment traduire pour son collègue anglais. Tu lui sers d'interprète.**

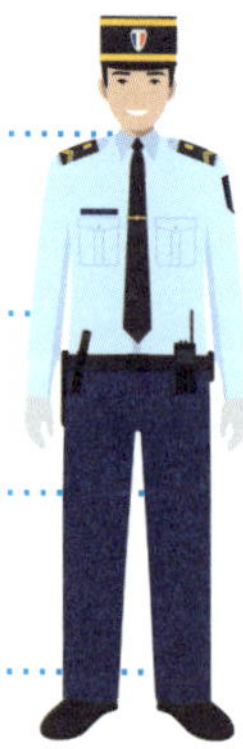

1. Jim joue de la cornemuse de 17 heures à 19 heures le mardi.

....

2. M. Martin joue au rugby deux fois par semaine.

....

3. Mme Martin court généralement dans le parc le dimanche.

....

4. Peterson regarde la télévision tous les soirs.

....

5. Le fils de Fabien joue de la batterie une fois par mois.

....

6. La fille de Peterson court-elle parfois quand il pleut ?

....

7. À quelle fréquence les Johns vont-ils au restaurant ?

....

Banque de mots

waiter/waitress ['ouèït^{eur}]/['ouèïtr^{eus}], *serveur/serveuse*

jeweller ['djou^{eu}l^{eur}], *bijoutier*

worker in a factory ['oueuk^{eu}r in ^{eu} 'faktri], *ouvrier d'usine*

judge ['djeudj], *juge*

bus driver ['beus draïv^{eur}], *chauffeur de bus*

surgeon ['seudj^{eu}n], *chirurgien*

Le présent simple dans certains échanges quotidiens

Ce temps te permettra de demander à quelqu'un :

- où il habite : **Where do(es)** + sujet + **live?** ['ouè-^{eu} .... 'liv]. Formation de la réponse : sujet + **live(s) in** + pays/ville. Ex. : **We live in Cork/Ireland**, *Nous vivons à Cork/en Irlande ;*
- d'où il vient : **where do(es)** + sujet + **come from?** ['ouè-^{eu} ... keum fr^{eu}m]. On structure la réponse ainsi : sujet + **come(s) from** + pays/ville. Ex. : **She comes from Edinburgh**, *Elle vient d'Édimbourg.*
- ce qu'il fait dans la vie : **what do(es)** + sujet + **do?** Ex. : **What do you do?** ['ouot d**ou** i**ou** 'd**ou**]. On te répondra ainsi : sujet + **to be** + **a/an** + métier. Ex. : **I'm a plumber**, *Je suis plombier.*

17 Relie chaque illustration au métier qui correspond.

a. waiter — b. jeweller — c. worker in a factory — d. judge — e. bus driver — f. surgeon

18 Demande d'où ils viennent, où ils habitent et ce qu'ils font dans la vie, puis réponds en t'aidant des illustrations fournies.

1. Liam :

"..
....?"
....
....
"..
....?"
....
....
"..
....?"
....
....

2. Andrea :

"..
....?"
....
....
"..
....?"
....
....
"..
....?"
....
....

Utilisation ③ : pour exprimer ses goûts et préférences

but [beut], *mais*
cheese ['tchiz], *fromage*
chicken ['tchik^{eu}n], *poulet*
grapes ['grèïps], *raisin*
French beans ['binz], *haricots verts*
ham ['Ham], *jambon*
ice cream [aïs 'krim], *crème glacée*
mushroom ['meuchroum], *champignon*
onion ['oni^{eu}n], *oignon*
peas ['piz], *petits pois*
pineapple ['païnap^{eu}l], *ananas*
rice ['raïs], *riz*
salmon ['sâm^{eu}n], *saumon*
sausage ['sosidj], *saucisse*
shrimp ['chrimp], *crevette*
strawberry ['strôb^{eu}ri], *fraise*
to be crazy ['krèïzi] **/ mad*** ['mad] **about**, *être fou de*
to be fond ['fond] **of**, *aimer bien*
to hate ['Hèït], *détester*
to be keen ['kin] **on**, *aimer vraiment beaucoup*
to like ['laïk], *bien aimer*
to love ['leuv], *adorer*
to prefer [pri'f^{eur}], *préférer*

* Une expression : **as mad as a hatter** signifie *fou à lier !* **Hatter** signifie *fabricant de chapeaux.* Il est dérivé du mot **hat**, que tu connais déjà.

19 La mère de Sophie réfléchit à sa liste de courses. Rédige cette dernière.

20 Pablo vient d'Espagne et ne comprend rien à cette liste de courses. Pour l'aider, relie chaque ingrédient à l'illustration correspondante.

ham
shrimps
mushrooms
pineapple
grapes

21 Complète les phrases en t'aidant du tableau.

1. Manon .... rice, she .... strawberries but she .... mushrooms.
2. Teddy .... grapes, he .... shrimps but he .... salmon.
3. Carine .... peas, she .... pineapple but she .... onions.
4. Does Manon love rice? ....
5. Does Teddy like salmon? ....
6. Does Carine hate pineapple? ....

22 En utilisant **to be keen on**, **to be fond of**, **to be crazy/mad about**, classe les enfants de celui qui aime le plus à celui qui aime le moins la crème glacée.

+

....
.....................................,

....
.....................................,

....
.....................................,

−

23 Dis ce qu'ils aiment bien, puis ce qu'ils préfèrent.

1. ....
....

2. ....
....

3. ....
....

Utilisation ④ : pour exprimer sa volonté, ses pensées et opinions

to agree with [^{eu}'gri ouiDH], *être d'accord avec*
to hope ['H^{eu}-oup], *espérer*
to forget [f^{eu}'gèt], *oublier*
to know ['n^{eu}-ou], *savoir*
to need ['nid] + complément, *avoir besoin de*
to remember [ri'mèmb^{eur}], *se souvenir*
to think ['THink], *penser*
to understand [eund^{eu}'stand], *comprendre*
to want ['ouãnt], *vouloir*
to wish ['ouich], *souhaiter*
which ['ouitch], *lequel, laquelle, lesquel(le)s*

24 À quelles illustrations correspondent ces descriptions ? Note la lettre à côté de chaque phrase.

1. He doesn't agree with his friend → ...

2. He doesn't know that man → ...

3. He doesn't want any strawberries → ...

4. He understands the lesson → ...

a.

c.

b.

d.

25 Remets les éléments dans l'ordre pour reconstituer une phrase pertinente et propose une traduction.

1. novel/think/good/very/this/a/is/don't/I ……………………………………

……………………………………

2. Christmas/we/you/wish/a/Merry ……………………………………

……………………………………

3. not/hopes/I'm/she/sick ……………………………………

……………………………………

4. film/don't/we/the/title/remember/of/the ……………………………………

……………………………………

5. make/what/do/cake/you/need/to/a ? ……………………………………

……………………………………

26 Pose la question permettant d'obtenir la réponse donnée, sachant que l'élément sur lequel tu dois axer ta question est souligné dans la réponse.

1. …………………………………… ?

I always play cricket on Sundays.

2. …………………………………… ?

My mother makes good biscuits.

3. …………………………………… ?

They go to work by bus.

4. …………………………………… ?

They go to work by bus because they don't have bikes.

5. …………………………………… ?

I prefer the red apple, not the green one.

6. …………………………………… ?

…………………………………… ?

She comes from England. She lives in Leeds.

27 Présent simple ou -ing ? Comment traduirais-tu les phrases suivantes ?

1. Je porte souvent du noir, mais là je porte du bleu.

……………………………………

2. Il fume tous les soirs, mais il ne fume pas en ce moment.

……………………………………

Les noms composés

- Les noms composés sont des noms formés de deux mots différents. Ces mots peuvent être de nature variée, mais la combinaison la plus fréquente est nom + nom. Le 2e nom est le principal, c'est lui qui donne le sens général. Le 1er vient apporter une précision sur le 2e (caractéristique, type, fonction, etc.), il est invariable mais le 2e peut se mettre au pluriel. Ex. : **game** (*jeu*), **console** / **a game console**, *une console de jeux*, **game consoles**, *des consoles de jeux.*
- Dans les noms composés, les deux noms sont parfois collés, surtout lorsque le mot est passé dans l'usage (ex. : **bedroom**, **birthday**), parfois séparés (ex. : **game console**). Mais tu n'as pas à te préoccuper de cela pour le moment.

28 Peux-tu deviner le sens des noms composés suivants ?

1. summer holidays ....
2. tea bag ....
3. money box ....
4. apple pie ....
5. raincoat ....

29 Reformule les énoncés suivants en utilisant des noms composés.

1. It's time for dinner = it's ....
2. A .... is a case where you put pencils.
3. A bread box is a ....
4. The time when you go to bed is ....
5. An afternoon snack is ....
6. A .... is a day when you go to school.
7. A .... is a cake you make with bananas.
8. The room where you have a bath is a ....

30 En t'inspirant des illustrations et des noms fournis, reconstitue les noms composés.

bag ice uniform glasses school hockey swim PASTE suit sun TOOTH

1. ....

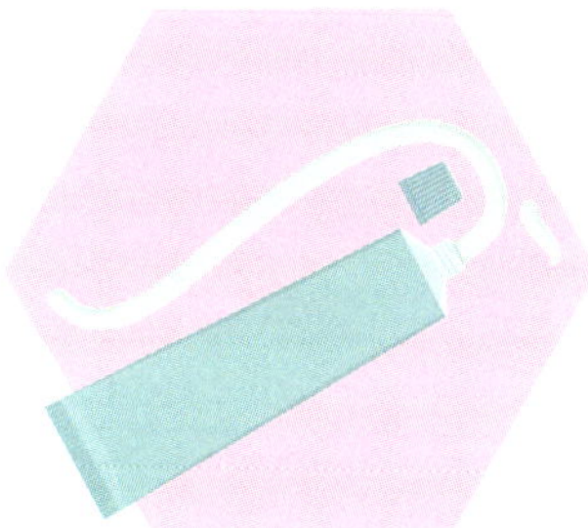

3. ....

5. ....

2. ....

4. ....

6. ....

Bravo, tu es venu à bout de la troisième unité ! Il est maintenant temps de comptabiliser les icônes et de reporter le résultat en page 128 pour l'évaluation finale.

Unité 4
Savoir utiliser l'infinitif et le gérondif. Exprimer la capacité, l'autorisation, l'obligation, l'interdiction et la probabilité

L'impératif

On l'utilise :

- **à la 1re personne du pluriel**, pour suggérer une activité. Formation : **let's** (= **let us***) + BV. Ex. : **Let's watch a film!**, *Regardons un film !*
- **à la 2e personne du singulier et du pluriel** pour donner un ordre ou émettre une interdiction. Formation : BV à la FA (ex. : **Come here!**, *Viens ici !*), **Don't (do not)** + BV à la FN (ex. : **Don't eat my biscuit!**, *Ne mange pas mon biscuit !*). On l'utilise aussi à ces personnes pour donner une consigne ou indiquer une démarche (recette, mode d'emploi. Ex. : **pour the milk**, *versez le lait*).

* **us** correspond au pronom personnel complément de la 1re pers. sing.

Banque de mots

again [^{eu}'gèn], *encore*

box ['boks], *case*

odd one ['od oueun], *intrus*

quiet ['kouaï^{eu}t], *calme, silencieux*

salt ['sôlt], *sel*

sentence ['sènt^{eu}ns], *phrase*

so many [s^{eu}-ou mèni], *tant*

word ['oueud], *mot*

to add ['ad], *ajouter*

to answer + complément ['ãns^{eur}], *répondre à*

to ask ['ask], *demander*

to circle ['seuk^{eu}l], *entourer*

to come in ['keum in], *entrer*

to cross out ['kros a-out], *barrer*

to fill in ['fil in], *remplir*

to hurry up ['Heuri ^{eu}p], *se dépêcher*

to match ['match], *relier, associer*

to miss ['mis] + complément, *rater*

to sit down ['sit da-oun], *s'asseoir*

to spend ['spènd], *dépenser*

to stand up ['stènd ^{eu}p], *se lever*

to tick ['tik], *cocher*

to tidy ['taïdi], *ranger*

to touch ['teutch], *toucher*

to try ['traï], *essayer*

to work ['oueuk], *travailler*

to worry ['oueuri], *s'inquiéter*

to underline [eund^{eu}'laïn], *souligner*

1 **Traduis ce que les proches de John lui ordonnent ou lui conseillent de faire. À l'envers à la fin de l'exercice, tu trouveras les verbes à utiliser, mais ne les regarde que si tu as oublié ton vocabulaire !**

1. Mangeons nos petits pois ! ....
2. Ne t'inquiète pas, ne pleure pas ! ....
3. Habille-toi et range ta chambre ! ....
4. Ne ferme pas la porte ! ....
5. Arrête de rire et dépêche-toi ! ....

EAT, WORRY, CRY, GET DRESSED, TIDY, CLOSE, LAUGH, HURRY

2 **Remets les éléments dans l'ordre et propose une traduction.**

1. money/spend/don't/much/too/!

.... !

.... !

2. again/bus/miss/the/don't/!

.... !

.... !

3. ask/many/don't/questions/so/!

.... !

.... !

4. sister's/touch/sunglasses/don't/my/!

.... !

.... !

5. us/the/questions/answer/teacher's/let/!

.... !

.... !

3 **Nathan ne comprend pas les consignes de son devoir car elles sont toutes en anglais. Aide-le à compléter sa copie.** • •

1. *Underline the fruit in this sentence:*
I love potatoes but I hate pears.

2. *Circle the right translation for this:*

watch - scarf - cap

3. *Fill in the gaps with the right present form:*
She .... **(go)** to the swimming pool on Sundays.

4. *Cross out the odd one:*
schoolbag - ruler - hat - rubber - pen

5. *Tick the right box:*

She is ☐ smiling ☐ laughing ☐ crying

Les pronoms personnels compléments

- Avec certains verbes, en particulier à l'impératif, il est indispensable d'utiliser les pronoms personnels compléments. Révisons un peu…

me [mi]	**you** [**iou**]	**her** [**Heu**^{r}]	**him** [Him]	**it** [it]	**us** [eus]	**you** [**iou**]	**them** [DH^{eu}m]
moi	*toi*	*elle, la*	*lui, le*	*ça, le*	*nous*	*vous*	*eux/elles, les*

- Il faut aussi que tu connaisses quelques verbes courants que l'on utilise souvent à l'impératif et qui sont suivis d'une préposition (voir Banque de mots). On est d'ailleurs souvent amené à les utiliser suivis d'un pronom personnel complément.

Banque de mots

to brush ['breuch] **one's teeth**, *se brosser les dents*

to call + complément ['**kô**l], *appeler quelqu'un*

to comb ['k^{eu}oum] **one's hair**, *se peigner les cheveux*

to forgive [f^{eu}'giv], *pardonner*

to help ['Hèlp], *aider*

to lie to + complément ['laï t^{eu}], *mentir à*

to listen to ['lis^{eu}n t^{eu}], *écouter quelqu'un/quelque chose*

to look at ['louk ^{eu}t], *regarder quelqu'un/quelque chose*

to talk to ['tôk t^{eu}], *parler à quelqu'un*

to tell + complément ['tèl], *dire à*

to trust + complément ['treust], *faire confiance à*

truth ['trouTH], *vérité*

to wait for ['ouèït fô^{r}], *attendre quelqu'un/quelque chose*

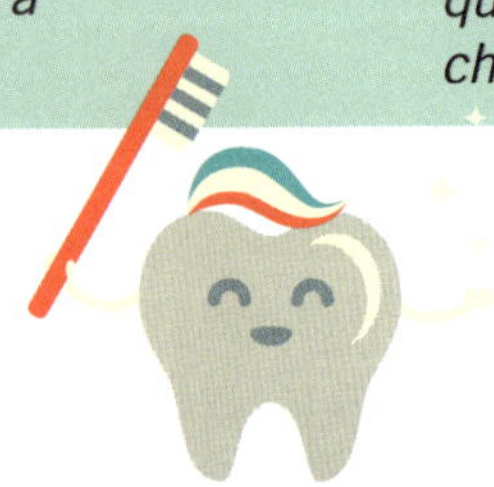

4 Entoure la bonne préposition après chaque verbe.

1. Talk *at - to - for* your sister!
2. Look *at - to - for* the big dog!
3. Wait *at - to - for* me!
4. Listen *at - to - for* your teacher!
5. Don't lie *at - to - for* your parents!

5 Remplace les mots entre parenthèses par un pronom personnel complément.

1. Look at (moi) = ...
2. Wait for (ta sœur) = ...
3. Help (ton père) = ...
4. Trust (nous) = ...
5. Comb (tes cheveux) = ...
6. Brush (tes dents) = ...

6 Traduis les phrases suivantes.

1. Ne mens pas ! Dis-moi la vérité ! ....
2. Brossons-nous les dents. ....
3. Pardonne-moi, s'il te plaît. ....
4. Écoute ton professeur et aide ton ami ! ....
5. Ne m'attends pas. Appelle-moi à 21 heures ! ....

Le gérondif

Le gérondif est un nom formé à partir d'un verbe par l'ajout de la désinence **-ing**.

Formation

- BV + **-ing** (ex. : **eating**). Pour les verbes se terminant en **-e**, celui-ci disparaît (ex. : **love → loving**).

Utilisations

- Comme un nom ou comme un infinitif français, quand celui-ci peut être remplacé par l'expression *le fait de* (ex. : **fishing**, *la pêche, le fait de pêcher*).
- Le gérondif peut être sujet (ex : **running is great**, *courir/le fait courir est génial*), ou complément (ex. : **she loves running**, *elle adore courir/la course à pied*).
- Il te permettra de parler de tes activités de loisirs (ex. : **reading**, *la lecture*), mais aussi de former plein d'expressions à l'aide du verbe **to do** (ex. : **to do the talking*** ['tôkin], *faire la conversation*; **to do the cleaning**, *faire le nettoyage*). * **to talk** = *parler*
- On l'emploie pour :
  - désigner une activité;
  - parler de ce que l'on aime ou non, après les verbes et expressions **to like**, **to love**, **to hate**, **to be keen on**, **to be crazy about**, **to be fond of**;
  - après **after**, **before**;
  - pour proposer une activité : **what about** [ouot [eu]'ba-out]**?**, **how about** [Ha-ou [eu]'ba-out]**?** (*et si on... ? pourquoi ne pas... ?*). Ces structures peuvent être suivies d'un nom ou d'un gérondif.
- Deux proverbes pour la route : **The proof of the pudding is in the eating**, *On juge l'arbre à ses fruits*; **Seeing is believing**, *Il faut le voir pour le croire.*

Banque de mots

to bake ['bèïk], *faire de la pâtisserie*

to cycle ['saïk^eu^l], *faire du vélo*

to draw ['drô], *dessiner*

to drive ['draïv], *conduire*

to fish ['fich], *pêcher*

to paint ['pèïnt], *peindre*

to ride ['raïd] **a scooter**, *faire du scooter*

sightseeing ['saït si-ing], *tourisme*

7 À partir du vocabulaire croisé dans les unités précédentes, à ton avis, comment se disent les activités suivantes ?

1. Le fait de cuisiner ....

2. L'écriture ....

3. Le fait de dormir ....

4. Le chant ....

5. La natation ....

8 Il y a certaines activités que James aime faire et d'autres non. Pose les questions ou donne les réponses appropriées.

	A	B	C	D
1.				
2.	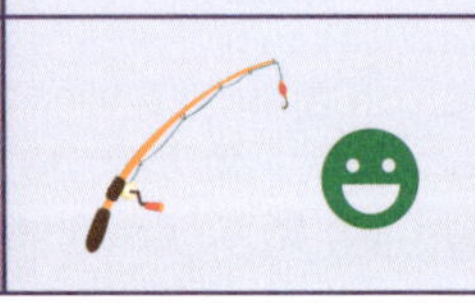			

1. *(B1)*..?
No, he doesn't.

2. *(B2)* Does he like sightseeing?
....

3. *(C1)* ....?
Yes, he does.

4. *(A2)* Does he like fishing?
....

5. *(C2)*..?
Yes, he does.

6. *(D1)* Does he like riding a scooter?
....

7. *(A1)* ....?
No, he doesn't.

8. *(D2)* Does he like baking?
....

• Le gérondif peut aussi être utilisé avec une négation pour indiquer une interdiction, en particulier sur des panneaux (ex. :  = **no drinking**).

9 Décris les panneaux suivants en utilisant l'impératif et le gérondif.

1.  ....
....

2.  ....
....

3.  ....
....

4.  ....
....

10 Reformule ces deux verbes à l'aide du verbe faire et d'un gérondif.

1. to shop = ...
....

2. to cook = ...
....

11 Propose à ton ami d'aller à la piscine de deux manières différentes (une structure gérondive et une impérative).

1. ....
....
....?

2. ....
....
....?

12 Comment traduirais-tu les phrases suivantes ?

1. Brosse-toi les dents après manger.

....
....

2. Ma sœur est folle de natation et mon frère aime vraiment bien la pêche.

....
....

Noms composés contenant un gérondif

Les noms composés contenant un gérondif se construisent de la manière suivante : gérondif + nom. Ex. : **dining room** (*salle à manger*), **swimming pool** (*piscine*).

13 Place les gérondifs à côté du nom qui convient pour reconstituer les noms composés.

A. WAITING B. SHOPPING C. WASHING D. SKIPPING E. SLEEPING F. SHOPPING

1. .... center *(centre commercial)*

2. .... list *(liste de courses)*

3. .... machine *(lave-linge)*

4. .... pill *(somnifère)*

5. .... room *(salle d'attente)*

6. .... rope *(corde à sauter)*

La structure BV + *to*

- Formation : BV + **to** (ex. : **you need to eat**) à la FA et **not to** + BV à la FN (ex. : **she does not want to eat**). Cette structure est utilisée quand le verbe est orienté vers la réalisation d'une action. Elle exprime particulièrement l'idée de but (ex. : **I want to buy some milk**). Si l'on compare **I want to play football** et **I like playing football**, dans le premier cas c'est l'action, l'intention et le but qui sont mis en avant, dans le second c'est l'activité en elle-même.
- On l'emploie après :

 - de très nombreux verbes comme **to need**, **to want**, **to hope**, **to prefer** ;
 - les pronoms interrogatifs **who**, **what**, **where**, **when**. Ex. : **I don't know who you are**, *Je ne sais pas qui vous êtes* ;
 - les adjectifs exprimant une émotion comme **happy**, **sad**. Ex. : **I'm happy to go with you**, *Je suis heureux de partir avec toi* ;
 - après l'expression **would like**, qui sert à formuler un souhait et se conjugue de la même façon à toutes les personnes : **I ... they would like to** + BV (*je voudrais... ils/elles voudraient*). On emploie le plus souvent la forme contractée **'d like** à l'oral : **I ... they'd like to** + BV. On peut aussi l'utiliser suivi d'un nom. Ex. : **I'd like an apple**, **please**, *Je voudrais une pomme, s'il vous plaît.*

Banque de mots

architect ['âkitèkt], *architecte*

band ['band], *groupe musical*

bricklayer ['brikléï^{eur}], *maçon*

cleaner ['klin^{eur}], *femme de ménage*

laptop ['laptop], *ordinateur portable*

nurse ['neus], *infirmier/ère*

postman ['p^{eu}-oustm^{eu}n], *facteur*

singer ['sing^{eur}], *chanteur*

14 Entoure le terme qui convient le mieux.

1. I need – hope to buy some milk

2. I don't know – prefer when to call you.

3. I'm not happy to know – to need that you are sick.

4. Do you know what – who to do?

5. I don't know where – when to live.

15 Relie les phrases anglaises à leur traduction. Parmi les traductions, coche les deux qui ne sont pas tout à fait exactes.

1. She doesn't know where to go.	**a.** *De quoi a-t-on besoin pour faire un gâteau ?*	☐
2. I'm not happy to know that she's a selfish girl.	**b.** *Elle ne sait pas où aller.*	☐
3. I don't want to cycle, I'd prefer to swim.	**c.** *Ma sœur a besoin d'un scooter pour Noël.*	☐
4. What do you need to make a cake?	**d.** *Je ne suis pas heureux de dire qu'elle est égoïste.*	☐
5. My sister would like a scooter for Christmas.	**e.** *Je ne veux pas faire du vélo, je préférerais nager.*	☐

16 Traduis les souhaits de ces personnages.

1. Je ne veux pas être infirmière. ....

2. J'aimerais être chanteur dans un groupe. ....

3. Nous préférerions être maçons. ....

4. Nous voulons être infirmières. ....

5. Je veux être architecte. ....

6. Je préfère ne pas être facteur. ....

17 Gérondif ou BV + to ? Conjugue les verbes suivants correctement.

1. .... *(to brush)* your teeth is very important.

2. I need some water .... *(to make)* tea.

3. My mother doesn't like .... *(to drive)*.

4. How about .... *(to cycle)*?

5. I don't want .... *(to forgive)* you.

Le modal *can*

Can [kan] est un auxiliaire modal. Il s'utilise au présent :
- pour exprimer l'autorisation (*pouvoir/être autorisé à faire*) ainsi que la capacité (*pouvoir, savoir faire*),
- avant les verbes de perception **to see**, **to hear**, **to smell**. Ex. : **I can hear a car**, *J'entends une voiture.*

	Utilisation	Formation
FA ☑	capacité, autorisation : *je sais…, je peux…*	• sujet + **can** + BV. **I**, **you**, **she/he/it**, **we**, **you**, **they can** (**sing**)
FN ☒	incapacité ou absence d'autorisation	• sujet + **can** + **not** + BV. **I**, **you**, **she/he/it**, **we**, **you**, **they cannot** ['kanot] (**sing**) • Forme contractée : **I**, **you**, **she/he/it**, **we**, **you**, **they can't** ['kãt] • Un petit proverbe pour la route : **You cannot have your cake and eat it too**, *On ne peut pas avoir le beurre et l'argent du beurre.* 
FI ?	question sur la capacité/ autorisation ou demande polie, demande d'autorisation	• **can** + sujet + BV **can I** [kanaï], **you**, **she/he/it**, **we**, **you**, **they** (**sing**)? • Tu y répondras en reprenant l'auxiliaire : **yes I can** ou **no, I cannot/can't**. S'il y a un mot interrogatif, il faut que tu le places en début de phrase (ex. : **What can you do? Where can you go?**). • Cas de **who** : **who** + aux. modal + BV Ex. : **Who can drive?**, *Qui sait conduire ?* • Si tu veux poser une question sur le degré de capacité : **How well can** + pronom pers. sujet + BV**?** Pour découvrir les adverbes de degré, regarde la banque de mots !

Banque de mots

a little [^{eu} 'lit^{eu}l], *un peu*
blind ['blaïnd], *aveugle*
deaf [dèf], *sourd*
disabled ['disèïb^{eu}ld], *handicapé*
dumb ['deum], *muet*
fork ['fôk], *fourchette*
knife ['naïf], *couteau*
if ['if], *si*
loud ['laoud], *fort*
not at all [not at ôl], *pas du tout*
well [ouèl], *bien*
rather well [raDH^{eur} 'ouèl], *plutôt bien*
very well [vèri ouèl], *très bien*
to borrow ['bor^{eu}ou], *emprunter*
to get to ['gèt t^{eu}], *se rendre à*
to go out ['g^{eu}-ou a-out], *sortir*
to hear ['Hi^{eur}], *entendre*
to see ['si], *voir*
to smell ['smèl], *sentir*
to spell ['spèl], *épeler*

18 Pour chaque phrase, indique grâce au code suivant quelle est la fonction de can.

C = capacité
A = autorisation
AA = absence d'autorisation
P = perception
I = incapacité
DP = demande polie

1. My brother can't drive. → ...
2. My dog is blind. It can't see. → ...
3. Yes, you can sit down. → ...
4. You can't go out. Do your homework! → ...
5. Can you spell your name, please? → ...
6. My uncle can speak Chinese. → ...

19 Traduis les phrases en utilisant les verbes suivants.

borrow / give / hear / go out / speak louder / help / have

1. Je ne t'entends pas, peux-tu parler plus fort? ....

....
2. Puis-je emprunter ton vélo? ....
3. Peux-tu m'aider? ....
4. Pouvons-nous sortir ce soir? ....
5. Peux-tu me donner un biscuit? ....
6. Puis-je avoir une fourchette? ....

20 Traduis les questions, ou réponds-y !

1. *(Tom sait-il dessiner ?)*
.... ? No, he can't.
2. Can she bake?
✓ ....
3. Can he ride your scooter, please?
✗ ....
4. *(James sait-il nager ?)*
....? No, he can't.
5. *(Savent-elles jouer aux échecs ?)*
.... ? Yes, they can.
6. Can she borrow your bagpipe, please?
✓ ....

21 En t'appuyant sur l'échelle fournie, indique si le degré de compétence en langues des personnages est correctement formulé (RIGHT or WRONG) et apporte les corrections nécessaires.

Sandy Ø Daniel + Lena ++ Lucas +++ Alexis ++++

1. Alexis **can't** speak English **at all**	R	W	....
2. Sandy **can** speak English **rather well**	R	W	....
3. Lucas **can** speak English **well**	R	W	....
4. Daniel **can** speak English **a little**	R	W	....
5. Lena **can** speak English **very well**	R	W	....

Le modal *may*

May est un auxiliaire modal. Il s'utilise au présent pour exprimer :
- une éventualité,
- une permission en anglais (plus soutenu que **can**).

NB : L'adverbe **maybe**, qui signifie *peut-être*, est formé du modal **may** et du verbe **to be**.

	Utilisation	Formation
FA ☑	autorisation ou éventualité : *je peux…, il se peut que je…*	• sujet + **may** + BV **I**, **you**, **she/he/it**, **we**, **you**, **they may** (**sleep**)
FN ☒	absence d'autorisation et éventualité négative	• sujet + **may not** + BV **I**, **you**, **she/he/it**, **we**, **you**, **they may not** (**sleep**)
FI ?	demande d'autorisation, demande très polie	• **may** + sujet + BV **may I**, **you**, **she/he/it**, **we**, **you**, **they** (**sleep**)? • On y répond en reprenant l'auxiliaire : **yes you may** ou **no, you may not**. S'il y a un mot interrogatif, on le place en début de phrase. Ex. : **What may you eat?** • Cas de **who** : **who** + **may** + BV. Ex. : **Who may call?**, *Qui peut appeler ?*

22 Pour chaque phrase, indique grâce au code suivant quelle est la fonction de may.

A = autorisation

AA = absence d'autorisation

DTP = demande très polie

E = éventualité

DA = demande d'autorisation

EN = éventualité négative

1. May I go to the toilet? → ...

2. You may eat some ice cream if you eat your spinach. → ...

3. The baby is crying, it may be hungry. → ...

4. May I have some sugar? → ...

5. He's not very nice. He may not help you. → ...

6. No, you may not play football, it's dinner time. → ...

23 Reconstitue les phrases suivantes à l'aide des formules données ci-dessous. Des éventualités de 1 à 4 et une demande polie ou une autorisation de 5 à 8.

it may snow / he may be late / I may not watch tv tonight / he may be sick

1. .... because there's a traffic jam.

2. He does not look well. ....

3. ...., it's very cold.

4. I'm very tired. ....

may I ask you some questions / may I open the window / you may speak / you may not smoke in my house

5. .... if you put your hand up.

6. It's hot in here. ....?

7. I don't understand the lesson well. ....?

8. .... I'm allergic.

Le modal *must*

Must [meust] est un auxiliaire modal. Il s'utilise au présent pour exprimer :
- une obligation (avec laquelle on est d'accord),
- une forte probabilité,
- une interdiction ((ne pas) devoir).

	Utilisation	Formation
FA ☑	obligation consentie : *il faut que…, je dois…* une forte probabilité : *tu dois sûrement…* (ex. : **You must be tired,** *Tu dois sûrement être fatigué.*)	• sujet + **must** + BV **I, you, she/he/it, we, you, they must** (**sleep**)
FN ☒	interdiction	• sujet + **must not** + BV **I, you, she/he/it, we, you, they must not** [meust not]/ **mustn't** (forme contractée)['meus[eu]nt] (**sleep**)
FI ?	question sur l'obligation ou l'interdiction	• **Must** + sujet + BV**?** **Must I, you, she/he/it, we, you, they** (**sleep**)**?** • On y répond en reprenant l'auxiliaire : **yes I must** ou **no, I must not/mustn't** • S'il y a un mot interrogatif, on le place en début de phrase. Ex. : **Where must you go?** • Cas de **who** : **who** + aux. modal + BV Ex. : **Who must sleep?**, *Qui doit dormir ?*

24 **Décris les panneaux suivants à l'aide de must.**

1.  You ....

2.  She ....

3.  They ....

25 **Les phrases de l'exercice 24 ont été mises aux FA et FI, lesquelles sont correctement formulées ?**

1. You must to smoke.
Must you smoke?

2. She must eat.
Must she eats?

3. They must drink.
Do they must drink?

Have to

Have to sert à exprimer :

- une **nécessité** ou l'**absence d'obligation**, toutes deux imposées de l'extérieur (contrairement à **must**).

	Utilisation	Formation
FA ☑	obligation imposée	• sujet + **have to** + BV **I, you, we, they have to, she/he/it has to** (**sleep**)
FN ☒	absence d'obligation	• sujet + **do(es) not/doesn't/don't** (forme contractée) **have to** + BV **I, you, we, they don't have to, she/he/it doesn't have to** (**sleep**)
FI ?	question sur l'obligation imposée	• **do(es)** + sujet + **have to** + BV? **Do I, you, we, they have to, Does she/he/it have to** (**sleep**)**?** • On y répond en reprenant l'auxiliaire : **yes I have** ou **no, I haven't** • S'il y a un mot interrogatif, on le place en début de phrase. Ex. : **Where do you have to go?** • Cas de **who** : **who** + aux. modal + BV**?** Ex. : **Who has to call?**, *Qui doit appeler ?*

Banque de mots

classroom ['klasroum], *salle de classe*

corridor ['korid^{eur}], *couloir*

healthy food ['HèlTHi 'foud], *nourriture saine*

junk food ['djeunk 'foud], *malbouffe*

licence ['laïs^{eu}ns], *permis*

pavement ['pèïvm^{eu}nt], *trottoir*

road sign ['r^{eu}oud saïn], *panneau de signalisation*

rules ['roulz], *règles*

stamp ['stamp], *timbre*

street ['strit], *rue*

traffic lights ['trafik 'laïts], *feux de signalisation*

zebra crossing ['zibr^{eu} 'krosing], *passage piéton*

to be on time, *être à l'heure*

to catch ['katch], *attraper*

to cheat ['tchit], *tricher*

to cross ['kros], *traverser*

to follow ['fol^{eu}-ou], *suivre*

to look after ['louk aft^{eur}], *garder, surveiller*

to roller-skate ['r^{eu}oul^{eu}'skèït], *faire du roller*

26 Relie chaque phrase à la fonction remplie par son modal must ou have to.

1. You mustn't open the window •	• **a.** forte probabilité
2. I must eat healthy food •	• **b.** absence d'obligation
3. He's eating a lot, he must be very hungry •	• **c.** interdiction
4. She has to go to work at 8 •	• **d.** obligation consentie
5. You don't have to be very tall to be a policeman •	• **e.** nécessité extérieure

27 Remets les mots dans l'ordre pour compléter les phrases 1 à 4 de manière pertinente.

a. need / she / must / stamps b. thirsty / be / she / very / must
c. be / must / deaf / he d. be / it / outside / sunny / must

1. Look how much water she's drinking! ....

2. She's wearing sunglasses, ...

3. She's going to the post office, ...

4. He can't hear me, ...

28 Complète les phrases suivantes en utilisant have to à la forme adaptée.

1. She .... to be on time for school.

2. She .... *(avoir un permis)* to ride a bike? No, she doesn't.

3. I .... *(se lever)* early. It's not a school day.

4. When you play a game, you .... *(respecter les règles)*.

Bravo, tu es venu à bout de la quatrième unité ! Il est maintenant temps de comptabiliser les icônes et de reporter le résultat en page 128 pour l'évaluation finale.

Unité 5
Exprimer des actions futures, conditionnelles et/ou passées. Faire le bilan de ses expériences

L'expression du futur

Tu peux exprimer une action future de trois manières :

- **To be going to** ['g^{eu}-ouing t^{eu}]
  Formation : **to be** + **going to** + BV
  Ex. : FA : **They're going to eat**
  FI : **Are you going to eat?**
  FN : **We're not going to eat**
- Présent **ing**
  Tu as appris à le faire dans l'unité 3 ! Utilisation : quand l'action est prévue et/ou organisée. Cette forme est la plupart du temps utilisée avec un marqueur de temps futur (date, jour, heure, **tomorrow**, **next**…).
- **Will** [ouil]
  Will est un auxiliaire modal. Comme les modaux que tu as croisés dans l'unité précédente, il a la même conjugaison à toutes les personnes.
  - FA : **I, you, she/he/it, we, you, they will ('ll)** + BV. Ex. : **I will help/I'll help you**
  - FN : **I, you, she/he/it, we, you, they will not (won't)** + BV. Ex. : **they will not play/won't play**
  - FI : **Will I, you, she/he/it, we, you, they** + BV**?** Ex. : **Will she cook?**
  On répond par **yes, I … they will** ou **no, I … they will not/won't**. N'utilise pas la forme contractée si la réponse est affirmative. Les interrogatifs se placent en début de phrase. Ex. : **Why will you read? Where will you go?**
- Cas particulier de **who** : **who** + **will** + BV**?**
  Ex. : **Who will help us?** *Qui va nous aider ?*
- Utilisation **:**
  - quand la décision est prise au moment où l'on parle et pas avant,
  - quand un événement peut se produire mais qu'on n'en est pas certain, ou quand on ne sait pas quand il va se produire.
- Deux petits proverbes pour la route : **Time will tell** (*L'avenir nous le dira*), **I'll eat my hat if…** (*Je veux bien être pendu si…*).

Banque de mots

to allow [eu'laou], *autoriser*
to apologise [eu'polodjaïz], *s'excuser*
to be on holidays ['Holidèïz], *être en vacances*
to celebrate ['sèleubrèït], *fêter*
to feed ['fid], *nourrir, donner à manger à*
to get married ['gèt marid], *se marier*
high school ['Haï skoul], *lycée*
to hoover ['Houveur], *passer l'aspirateur*
to lend ['lènd], *prêter*
to mend ['mènd], *réparer*
to move out ['mouv a-out], *déménager*
next ['nèkst] **week/month/year**, *la semaine/le mois/l'année prochain(e)*
party ['pâti], *fête*
to recycle [ri'saïkeul], *recycler ses déchets*
soon ['soun], *bientôt*
to take ['tèïk], *prendre*
to text ['tèkst], *envoyer un message*
traffic jam ['trafik djam], *embouteillage*
tomorrow [teu'moreu-ou], *demain*

1 **Terry a fait de nombreuses erreurs de construction dans son interrogation sur le futur. Trouve-les et corrige-les.**

1. I will am on holidays soon. ....
2. I'll going to the cinema tomorrow. ....
3. They get married next week. ....
4. She's going to setting the table. ....
5. We're celebrate our birthday on the 25th. ....

2 **Retrouve 4 verbes de la banque de mots dans la grille, puis utilise-les pour traduire les phrases suivantes.**

A	T	E	X	T	Y	V	E
F	H	O	O	V	E	R	M
E	A	M	E	N	D	I	O
E	X	A	P	U	T	U	V
D	R	E	C	Y	C	L	E
C	E	L	E	B	R	A	T

1. Il va réparer sa voiture
....
2. Elle va recycler ses déchets
....
3. Ils vont déménager
.... out.
4. Il va passer l'aspirateur
....

3 **will, be + ing ou be going to ? Complète les espaces par la forme de futur adaptée en suivant les indications entre parenthèses.**

1. There's a traffic jam, he .... *(être en retard)*
2. I think my neighbours .... *(acheter une maison).*
3. She's taking some flour, eggs and milk, she ....*(faire un gâteau)*
4. .... your parents allow you to go out?
5. The sky is very grey, ... *(pleuvoir).*

Will s'emploie aussi pour les actions soumises à condition (*si* ...) et dans le cadre d'un renvoi temporel futur (*quand* ...).

- Subordonnée de condition introduite par **if** : comme en français, la subordonnée en **if** est au présent si la proposition principale est au futur. Ex. : **I will drink if I'm thirsty**.
- Subordonnée de temps introduite par **when** : si la proposition principale a un sens futur, alors la proposition subordonnée introduite par **when** est au présent (alors qu'en français elle est au futur). Ex. : **I will be a teacher when I am older** (on peut inverser le sens des propositions et dire **When I'm older, I will be a teacher**).

4 **À partir des éléments suivants, forme des subordonnées de temps de 1 à 2 et des subordonnées de condition de 3 à 4.**

1. He | not | drive | snow

....

2. We | eat our snack | hungry

....

3. They | forgive you | you apologise

....

4. He | miss the bus | he | not hurry up

....

5 **Relie chaque début de phrase à la suite qui lui correspond.**

1. I'll make a cake •	• **a.** if it's cold.
2. Leo will wear a scarf •	• **b.** when they're cheaper?
3. I will take the bus •	• **c.** when they get married.
4. Will Amy buy a laptop •	• **d.** when it's your birthday.
5. They'll move out •	• **e.** if you don't drive me.

6 Remets les éléments dans l'ordre et corrige les éventuelles erreurs dans les traductions proposées.

1. lend you his /you ask him/car if/will he?

....

Lui prêteras-tu ta voiture s'il le demande?

....

2. when he's 15/high school/go to/he won't

....

Il n'ira pas au lycée quand il aura 15 ans.

....

3. clean the/it's dirty/kitchen when/I will

....

Je rangerai la cuisine quand elle sera sens dessus dessous.

....

4. if they/will/have a baby/they need a/bigger flat?

....

Achèteront-ils une maison plus grande s'ils ont un bébé?

....

Le passé

- Pour exprimer une action passée et terminée, qui n'a plus aucun lien avec le présent, tu dois utiliser un temps qui s'appelle le prétérit. L'action est la plupart du temps datée ou associée à un marqueur de temps passé comme *hier, la semaine dernière, il y a x jours, en 1999*, etc. Ex. : **I bought a car yesterday/last week/in 2012**.
- Si l'action n'est pas datée, il est évident qu'elle renvoie au passé. Ex. : **Louis XIV reigned a long time**, *Louis XIV a régné pendant longtemps*.
- Aux formes interrogatives et négatives, le prétérit permet de demander des informations sur une action passée et d'y répondre.

• **Formation**

Il existe deux cas de figure, selon que le verbe est dit régulier ou irrégulier.

	Verbes réguliers	Verbes irréguliers
FA ☑	BV + **-ed** à toutes les personnes. Ex. : **you look → looked** 2 cas particuliers à retenir : - si le verbe se termine par **-y → -ied**. Ex. : **they worry → they worried.** Sauf si le **-y** est précédé d'une V (voyelle). Ex. : **you destroy → destroyed** - si le verbe se termine par **-e → -d** seul. Ex. : **she votes → she voted**	Le prétérit et le participe passé (PP) sont des formes fixes à apprendre (essaie de retenir le PP en même temps car tu en auras besoin pour apprendre un autre temps dans cette même unité).
Que le verbe soit régulier ou irrégulier, même principe pour les FI et FN.		
FI ?	**Did** + sujet + BV**?** Ex. : **Did I, you, she/he/it, we, you, they watch TV?** Ne réponds pas par **yes** ou **no** tout court, mais reprends l'auxiliaire. Ex. : **Did you eat chocolate yesterday? No, I did not/didn't – Yes, I did.** Comme d'habitude, les interrogatifs iront en début de phrase. Ex. : **What did you read?**, *Qu'as-tu lu ?* **Where did she buy that?**, *Où a-t-elle acheté ça ?* Avec **who** : sujet + verbe au prétérit**?** Ex. : **Who asked?**, *Qui a demandé ?*	
FN ☒	sujet + **did** [did] + **not** + BV ou en forme contractée sujet + **didn't** [did^{eu}nt] + BV. Ex. : **I, you, she/he/it, we, you, they did not/didn't paint.**	

• **Cas à part**

Pour conjuguer **have got** au prétérit, il suffit de conjuguer **have** comme un verbe normal (**had**) et de supprimer **got** : **I, you, she/he/it, we, you, they had** pour la FA. Les FI et FN donneront donc : **Did I, you, she/he/it, we, you, they have? I, you, she/he/it, we, you, they didn't have**.

• **Le verbe *to be***

FA ☑	FI ?	FN pleine ☒	FN contractée ☒
I was ['ouoz] **you were** ['oueu^{r}] **she/he/it was** **we, you, they were**	**was I?** **were you?** **was she/he/it?** **were we, you, they?**	**I was not** **you were not** **she/he/it was not** **we, you, they were not**	**I wasn't** ['ouoz^{eu}nt] **you weren't** ['oueunt] **she/he/it wasn't** **we, you, they weren't**

• **Verbes croisés dans l'ouvrage**

Verbes réguliers : **to agree, to apologise, to borrow, to call, to cook, to cry, to cycle, to explain, to hate, to hope, to laugh, to like, to look, to love, to miss, to need, to play, to prefer, to remember, to smile, to smoke, to wait, to walk, to want, to watch, to work**

Verbes irréguliers

Infinitif	Prétérit	Participe passé
to be	**I was** ['ouoz]	**been** ['bin]
to buy	**I bought** ['bôt]	**bought** ['bôt]
to do	**I did** ['did]	**done** ['deun]
to drink	**I drank** ['drank]	**drunk** ['dreunk]
to drive	**I drove** ['dr^{eu}-ouv]	**driven** ['driv^{eu}n]
to eat	**I ate** ['èït]	**eaten** ['it^{eu}n]
to forgive	**I forgave** [f^{eu}'gèïv]	**forgiven** [f^{eu}'giv^{eu}n]
to get	**I got** ['got]	**got** ['got]
to give	**I gave** ['gèïv]	**given** ['giv^{eu}n]
to go	**I went** ['ouènt]	**gone** ['geun]
to have	**I had** ['Had]	**had** ['Had]
to know	**I knew** ['niou]	**known** ['n^{eu}-oun]
to lend	**I lent** ['lènt]	**lent** ['lènt]
to make	**I made** ['mèïd]	**made** ['mèïd]
to put	**I put** ['pout]	**put** ['pout]
to read	**I read** ['rèd]	**read** ['rèd]
to run	**I ran** ['ran]	**run** ['reun]
to see	**I saw** ['sô]	**seen** ['sin]
to sing	**I sang** ['sang]	**sung** ['seung]
to sit	**I sat** ['sat]	**sat** ['sat]
to sleep	**I slept** ['slèpt]	**slept** ['slèpt]
to speak	**I spoke** ['sp^{eu}-ouk]	**spoken** ['sp^{eu}-ouk^{eu}n]
to spend	**I spent** ['spènt]	**spent** ['spènt]
to swim	**I swam** ['souam]	**swum** ['soueum]
to take	**I took** ['touk]	**taken** ['tèïk^{eu}n]
to tell	**I told** ['t^{eu}-ould]	**told** ['t^{eu}-ould]
to think	**I thought** ['THôt]	**thought** ['THôt]
to wear	**I wore** ['ouô^{r}']	**worn** ['ouôn]
to write	**I wrote** ['r^{eu}-out]	**written** ['rit^{eu}n]
to understand	**I understood** [eund^{eu}'stoud]	**understood** [eund^{eu}'stoud]

Mots du passé

ago [^{eu}'g^{eu}-ou], *il y a …* (ex. : **2 days ago**, *il y a 2 jours*)

during ['diou^{eu}ring], *pendant*

last week ['last 'ouik], **month** ['meunTH], **year**, *la semaine, le mois, l'année dernier/ière*

yesterday ['ièst^{eu}dèï], *hier*

Banque de mots

to break ['brèïk], **broke** ['br^{eu}ouk], **broken** ['br^{eu}ouk^{eu}n], *casser*

to buy ['baï], **bought**, **bought**, *acheter*

to do some baby-sitting ['bèïbi siting], *faire de la garde d'enfant*

to do some pet-sitting ['pèt siting], *faire de la garde d'animaux à domicile*

to earn ['eun], *gagner de l'argent en travaillant*

to get divorced ['gèt d^{eu} 'vôst], *divorcer*

to pick ['pik], *cueillir*

to picnic ['piknik], *pique-niquer*

Banque de mots

appointment [eu'poïntmeunt], *rendez-vous*
bird ['beud], *oiseau*
country ['keuntri], *campagne*
deer ['dieur], *cerf*
flower ['fla-oueur], *fleur*
forest ['foreust], *forêt*
fox ['foks], *renard*
garden ['gâdeun], *jardin*
grass ['gras], *herbe*
gull ['geul], *mouette*
the news ['niouz], *le journal télévisé*
present ['prèseunt], *cadeau*
pocket money ['pokit 'meuni], *argent de poche*
river ['riveur], *rivière*
sea ['si], *mer*
seal ['sil], *phoque*
shampoo [cham'pou], *shampooing*
shark ['châk], *requin*
soap ['seu-oup], *savon*
squirrel ['skouireul], *écureuil*
star ['stâr], *étoile*
sunrise ['seunraïz], *lever de soleil*
sunset ['seunsèt], *coucher de soleil*
to take a nap ['nap], *faire une sieste*
toothpaste ['touTHpèïst], *dentifrice*

7 Complète avec was ou were.

1. His wife .... a surgeon.
2. My parents .... late this morning.
3. We .... hungry an hour ago.
4. The dog .... sick last week.
5. You .... selfish last summer.

8 Entoure le bon prétérit pour chaque verbe.

1. to smile	**a.** smole	**b.** smoule	**c.** smiled
2. to write	**a.** wrote	**b.** wroute	**c.** writed
3. to tell	**a.** telled	**b.** told	**c.** tolden
4. to want	**a.** wanted	**b.** wunt	**c.** want
5. to forgive	**a.** forgeft	**b.** forgived	**c.** forgave
6. to borrow	**a.** borrew	**b.** borrowed	**c.** borrent
7. to give	**a.** gave	**b.** gift	**c.** gove
8. to buy	**a.** buyed	**b.** boat	**c.** bought

9 Passe les phrases suivantes à la forme indiquée.

1. I didn't sleep well last night.
FI .... ?

2. Did she like spinach when she was a child?
FA ....

3. I had a cat six months ago.
FN ....

4. We didn't go to the party yesterday.
FA ....

5. She went to a doctor's appointment.
FN ....

6. He told a funny story a week ago.
FI .... ?

10 Traduis le petit dialogue suivant.

Comment as-tu gagné ton argent de poche ?

……

J'ai gardé des enfants, j'ai lavé des voitures et j'ai jardiné pour mon grand-père.

……

11 Sophie revient de vacances. Demande ce qu'elle a fait la semaine dernière et traduis sa réponse, puis demande ce qu'elle a vu et complète ses réponses à l'aide des illustrations.

– …… ?

– *J'ai pique-niqué, j'ai fait une sieste dans l'herbe, j'ai regardé le soleil se lever et se coucher, j'ai regardé les étoiles, j'ai écouté les oiseaux, j'ai marché dans la forêt, j'ai nagé dans la rivière et j'ai cueilli des fleurs !*

……

– And …… ?

– In the forest I saw…

 ……

 ……

 ……

– At the sea, I saw…

 ……

 ……

 ……

12 Qu'ont-ils fait hier ? Réponds avec des réponses longues.

1. 

Did he apologise? ....
....

2. 
Did she watch football on TV? ....
....

3. 
Did he have fun? ....
....

4. 
Did she buy shampoo? ....
....

5. 

Did he go to the cinema? ....
....

13 Conjugue les verbes entre parenthèses au prétérit.

1. She *(not go)* .... to her appointment two days ago.
2. .... they .... *(get divorced)* in 1999?
3. I .... *(not forget)* to buy a present for my mother yesterday.
4. My brother .... *(break)* his glasses this morning.
5. Who .... *(make)* this cake?

14 Pose les questions qui permettent d'obtenir les réponses suivantes, sachant que l'élément sur lequel tu dois axer ta question est souligné dans la réponse.

1. .... this afternoon? I took a nap.
2. ....? I took a nap because I was tired.
3. ....? Erica broke the plate.
4. ....? I picked the flowers an hour ago.
5. ....? I picked them in your father's garden.

Could et have to au prétérit

- **Could** est le prétérit de **can** ; il a le même principe de conjugaison (la même à toutes les personnes, suivi de BV). **Could** permet aussi de demander un service poliment. Ex. : **Could you pass me the salt?**, *Pourriez-vous me passer le sel ?*
- **Had to** : Pour exprimer l'obligation au passé, tu n'emploieras pas **must** mais **had to** + BV, même conjugaison à toutes les personnes.
- FI : **Did I, you, she/he/it, we, you, they have to...?**
- FN : **I, you, she/he/it, we, you, they did not have to...**

15 Reconstitue les phrases en reliant les débuts à la fin qui leur correspond.

1. Yann had to •	• **a.** go to dentist's yesterday?
2. My father could not •	• **b.** bake?
3. Did you have to •	• **c.** play chess when she was a little girl.
4. Jane could •	• **d.** get up early this morning, it's not a school day.
5. I didn't have to •	• **e.** read a novel for his French class last week.
6. Could your grandmother •	• **f.** drive me to the station, please?
7. Could you •	• **g.** speak English when he was younger.

16 Thomas écrit à son correspondant écossais pour lui raconter ses vacances mais il n'arrive pas à bien s'exprimer, peux-tu l'aider ?

Il aurait voulu dire	**Il a écrit**
J'ai acheté un roman en anglais et j'ai essayé de le lire mais je n'ai pas bien compris.	I did bought a novel in English and I tryed to read it but I did understand well. ....
Nous sommes allés en week-end à la campagne avec mes parents. Nous avons beaucoup marché en forêt mais nous n'avons pas vu beaucoup d'animaux, juste un renard.	We wented to the country for the weekend with my parents. We walked a lot in the forest but we saw not much animals, just a deer. ....
J'ai gagné de l'argent de poche car j'ai aidé mon voisin. J'ai lavé sa voiture et gardé son chien. Je n'ai pas gagné assez pour acheter un ordinateur mais j'ai acheté un vélo.	I earned pocket money because I helped my neighbour. I watched his car and I look after his dog. I earned not enough to buy a computer but I buyed a bike. ....

Le prétérit pour rapporter les paroles de quelqu'un

- Tu seras aussi amené à utiliser le prétérit pour rapporter les paroles de quelqu'un (*il a dit que* + proposition au passé…). Pour l'employer, tu as besoin du verbe *dire* (**to say**), au prétérit : **I said** ['sèd].
- Formation : sujet + **said** + **that** (optionnel, pour traduire *que*) + proposition au prétérit.
- Attention, comme en français, le passage au discours rapporté nécessite un changement de pronoms. Ex. : **"I love reading"** : **she said (that) she loved reading**.

17 **Transpose les exemples 1 et 2 au discours rapporté et fais l'inverse pour 3 et 4 (attention à bien adapter les pronoms !).**

1.  "I need to take a nap"

– ……………………………………………

2.  "I can't speak Chinese"

– ……………………………………………

3.  " ………………………… "

– They said that they hated milk.

4.  " ………………………… "

– She said that she thought the flowers were nice.

Le prétérit *ing*

- **Formation**

FA ☑	**to be** au prétérit + BV du verbe + **-ing** **I, she/he/it was sleeping** **We, you, they were sleeping**
FI ?	**Was I, she/he/it sleeping?** **Were we, you, they sleeping?** On y répond par *oui* ou *non* en reprenant l'auxiliaire **to be** : **yes, I was** ou **no, I wasn't**
FN ☒	**I, she/he/it was not/wasn't sleeping** **We, you, they were not/weren't sleeping**

- **Utilisation**

Il sert à dire ce qu'on était en train de faire à un moment du passé. Il est très souvent associé au prétérit simple car il permet de parler d'une action en cours dans le passé quand une autre s'est produite (au prétérit simple).

Ex : **I was watching TV when Mum called me for dinner**, *J'étais en train de regarder la télé quand maman m'a appelé pour dîner.*

Banque de mots

to garden ['gâd^{eu}n], *jardiner*

to start (+ ing) ['stât], *commencer de/à*

18 Conjugue les verbes entre parenthèses au prétérit simple ou -ing.

1. She .... *(garden)* when it .... *(start raining)*.
2. .... you .... *(sleep)* when I .... *(arrive)*?
3. He *(not – do – homework)* .... when his sister *(come in)* ....
4. They *(have fun)* .... when I .... *(see)* them.

19 L'inspecteur Black enquête sur un cambriolage. Traduis les alibis des suspects ci-dessous.

1. Mary faisait un footing dans la forêt.

....

2. Jane faisait du baby-sitting.

....

3. Peter et Sarah dînaient au restaurant.

....

4. Philomena faisait ses courses au supermarché.

....

5. Robert travaillait à l'usine.

....

20 Comment traduirais-tu les phrases suivantes ?

1. J'étais en train de cuisiner quand tu as appelé.

....

2. Nous étions en train de regarder le journal télévisé quand le téléphone sonna.

....

3. Les enfants étaient en train de jouer dehors quand il s'est mis à neiger.

....

Le present perfect

• **Utilisation**

Ce temps est utilisé pour parler d'un événement passé dont la date n'est pas connue, précisée ou déductible logiquement. Avec le prétérit, c'était le moment du passé qui comptait (*ce matin*, *hier*, *il y a deux jours*, etc. **I washed the car yesterday** : *j'ai lavé la voiture hier* = je l'ai fait hier, pas ce matin). Avec le present perfect, c'est la relation de l'action passée au présent qui compte, le moment de l'action n'a pas d'importance. Le present perfect sert à faire le lien entre cette action passée et la situation présente, souvent pour évoquer le résultat de cette action passée. Ex. : **Look, I have washed the car** signifiera *Regarde, j'ai lavé la voiture* dans le sens *elle est propre maintenant*. On ne sait pas quand je l'ai fait, mais ça n'a pas d'importance car on veut souligner le résultat.

• **Formation**

FA ☑	• sujet + **have** conjugué au présent + PP (participe passé) du verbe. Ex. : **I have washed the car**, *j'ai lavé la voiture* • Le PP des verbes réguliers se forme en ajoutant -**ed** à la BV (ou -**d** si le verbe se termine par **e**). Celui des verbes irréguliers est à apprendre par cœur (voir tableau donné avec le prétérit, 3e colonne). Ex. : **She has/she's made a cake**; **They have/they've called**
FI ?	• **have** conjugué au présent + sujet + PP? Ex. : **Has she washed the car? Has she made a cake?** • Pour répondre *oui* ou *non*, on reprend l'auxiliaire, comme d'habitude. Ex. : **Have you washed the car? Yes, I have/No, I haven't** • Comme toujours, on place les éventuels interrogatifs en début de phrase. Ex. : **Why/when have you washed the car?** • Cas de **who** : **Who has washed the car?**, *Qui a lavé la voiture?*
FN ☒	• sujet + **have** conjugué au présent + **not** + PP. Ex. : **I have not/haven't washed the car; She has not/hasn't made a cake**

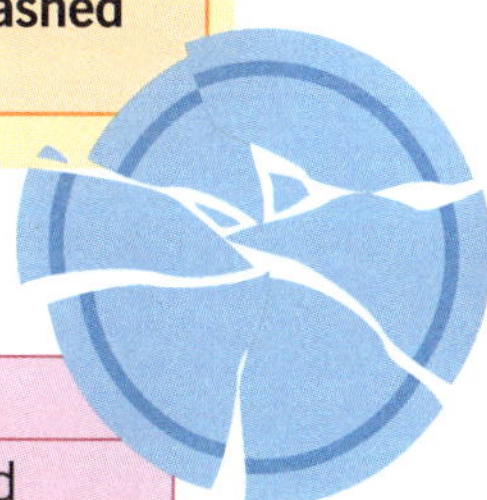

21 **Entoure le bon participe passé.**

1. be	been	was	were
2. read	rode	read	readed
3. watch	woutch	watched	watchen
4. know	knowed	knewn	known
5. eat	eaten	eated	ate
6. play	played	playen	playd
7. buy	buyed	boughten	bought
8. break	breaken	broken	breaked

22 Corrige les erreurs de structure dans les phrases suivantes.

1. Our mother have read a novel. ....
2. Have you swam in the river? ....
3. Henry was been to the doctor's. ....
4. Have they watch the news? ....
5. You have borrowed not my car. ....

23 Passe les phrases suivantes à la forme demandée.

1. I have slept very well. FN : ....
2. They haven't played football. FI : ....
3. He hasn't cooked dinner. FA : ....
4. We have bought a house. FI : ....
5. Has she taken the bus? FN : ....

24 Associe une action passée à son résultat dans le présent.

Action passée			Résultat dans le présent
1. He has forgotten his coat	•	•	**a.** it's dirty
2. He hasn't cleaned the table	•	•	**b.** he's thirsty
3. He has done some baby-sitting	•	•	**c.** she can't have lunch
4. He hasn't drunk	•	•	**d.** we can't make a cake
5. He hasn't bought any eggs	•	•	**e.** he's cold
6. She's forgotten her lunchbox	•	•	**f.** he's got money

Banque de mots

to bite ['baït], **bit** ['bit], **bitten** ['bit^{eu}n], *mordre*

to bleed ['blid], **bled** ['blèd], **bled**, *saigner*

to cut ['keut], **cut**, **cut**, *couper*

earthquake ['euTHkouèïk], *tremblement de terre*

empty ['èmpti], *vide*

fridge ['fridj], *réfrigérateur*

glass ['glas], *verre*

lipstick ['lipstik], *rouge à lèvres*

mosquito [m^{eu}'skit^{eu}-ou], *moustique*

report [ri'pôt], *bulletin*

25 Remets les éléments dans l'ordre pour former des phrases pertinentes, puis traduis.

1. earthquake/been/an/there's ....

....

2. brushed/he/teeth/his/hasn't ....

....

3. she/hair/combed/hasn't/her ....

....

4. sister/has/my/her/cut/finger ....

....

5. lipstick/she/on/put/has/some ....

....

6. the/done/shopping/haven't/they ....

....

On utilise aussi ce temps pour dire ce qui vient tout juste de se passer, en utilisant **just**, qui se place entre **have** et le participe passé. Ex. : **I have just washed the car**, *Je viens de laver la voiture.*

26 Traduis les phrases suivantes.

1. Il vient d'acheter un ordinateur.

....

2. Un moustique vient de la piquer.

....

3. Il vient de casser le verre.

....

Le present perfect faisant le lien entre le passé et le présent, il permet de faire un bilan sur ses expériences. Pour cela, on utilise les adverbes **ever** et **never** :

- pour demander si une action s'est déjà produite ou pas, on utilise **ever** ['èv^eur^] (après le sujet), qui signifie *déjà*. Ex. : **Have you ever been to England?**, *Es-tu déjà allé en Angleterre ?*
- pour dire que l'on n'a jamais fait quelque chose, on utilisera l'adverbe de temps **never**, que tu connais déjà. **Never = not + ever** !

27 En regardant le tableau, complète les questions ou les réponses.

	jamais	une fois*	deux fois**
aller en 	Emma	Sylvio	Omar
jouer aux 	Sylvio	Omar	Emma

1. ....? No, she has never been to Australia.
2. Has Emma ever played chess? ....
3. ....? Yes, he has played once*.
4. Has Sylvio ever played chess? ....
5. ....? Yes, he has been twice**.
6. Has Sylvio ever been to Australia? ....

28 Conjugue les verbes entre parenthèses au present perfect ou au prétérit.

1. She .... *(miss)* the train. She's late for work.
2. Sean .... *(not go)* to school yesterday.
3. My neighbours .... *(never see)* the Harry Potter films.
4. My parents .... *(go)* to the country last week.
5. Erik and Lea *(just get divorced)* ....
6. *(you ever sing)* .... in a band?

Bravo, tu es venu à bout de la cinquième unité ! Il est maintenant temps de comptabiliser les icônes et de reporter le résultat en page 128 pour l'évaluation finale.

Unité 6
Approfondir ses connaissances pour communiquer de manière plus authentique

Les composés de *some, any, no, every*

Composés de	**some**	**any**	**no**	**every**
Utilisation	à la FA, comme **some**	aux FI et FN, comme **any**	à la FA	à toutes les formes
- **where**	**somewhere** : *quelque part*	**anywhere** : *quelque part*	**nowhere** : *nulle part* **NB : nowhere = not anywhere**	**everywhere** : *partout*
- **body**	**somebody** : *quelqu'un*	**anybody** : *quelqu'un*	**nobody** : *personne* **NB : nobody = not anybody**	**everybody** : *tout le monde*
- **thing**	**something** : *quelque chose* Comme **some**, utilisable à la forme interrogative quand on propose quelque chose.	**anything** : *quelque chose*	**nothing** : *rien* **NB : nothing = not anything**	**everything** : *tout*

1 Complète le dialogue A en plaçant **anywhere**, **everywhere**, **somewhere** au bon endroit, puis le dialogue B en plaçant **everybody**, **something**, **anything**.

A.– Mum, have you seen my glasses .... ?

– They must be .... in your bedroom.

– No, they're not. I've looked ....!

B. – Would you like .... to eat? Pasta maybe?

– No thanks. I don't want .... and I don't like pasta.

– .... likes pasta!

2 Complète les espaces par **somebody**, **everything**, **anybody**, **nobody**, **nothing** ou **nowhere**.

1. Lazy boy! He's cleaned...................... in the kitchen. ....is dirty!

2. I didn't see .... this morning.

3. .... called for you this morning. I don't know who it was.

4. I'm going .... I'm staying* home.

5. Everybody hates her = ... likes her.

(***to stay** = *rester*)

Banque de mots

self [sèlf], **selves** [sèlvz]

myself, *me/m'; moi-même*

yourself, *te/t'; toi-même*

herself, *se/s'; elle-même*

himself, *se/s'; lui-même*

itself, *se/s'; elle/lui-même*

ourselves, *nous; nous-mêmes*

yourselves, *vous; vous-mêmes*

themselves, *se/s'; eux-mêmes*

Les pronoms réfléchis

Ils servent à 2 choses :

- à exprimer le *se/s'* des verbes dits « réfléchis » (ou « pronominaux ») comme *se couper*, *s'amuser*, etc. Ex. : **he cut himself**, *il s'est coupé*;
- à renforcer ou insister sur un fait en ajoutant *moi-même*, *toi-même*, etc. Ex. : **We've made this dish ourselves**, *Nous avons fait ce plat nous-mêmes.*

Banque de mots

to enjoy ['indjoï] + pronom réfléchi, *s'amuser*

to fall ['fôl], **fell** ['fèl], **fallen** ['fôl^{eu}n], *tomber*

to hurt ['Heut], **hurt**, **hurt** + pronom réfléchi, *se blesser*

to introduce [intr^{eu}'dious] + pronom réfléchi + **to**, *se présenter à*

mirror ['mir^{eu}r], *miroir*

3 Rassemble les étiquettes fournies pour traduire les phrases suivantes.

We hurt — him myself — ourselves — He INTRODUCED — IN THE MIRROR — herself — The children are — YOURSELF, YOU DON'T NEED TO GO — I have told — mend the car — himself — she looked at — to the garage — You can — to my parents — enjoying themselves — WHEN WE FELL

1. Je le lui ai dit moi-même. ....

2. Les enfants s'amusent bien ! ....!

3. Elle se regarda dans le miroir. ....

4. Il s'est présenté à mes parents. ....

5. Tu peux réparer la voiture toi-même, tu n'as pas besoin d'aller chez le garagiste.

....

6. Nous nous sommes blessés quand nous sommes tombés.

....

Les pronoms relatifs : *which, who, whose, where*

- Ils remplacent un nom ou groupe nominal à l'intérieur d'une proposition subordonnée relative et viennent apporter une information supplémentaire sur celui-ci. Ex. : **the dog which bit you yesterday is my neighbour's dog** → **which** = pronom relatif, **bit you yesterday** = subordonnée relative.
- **who** [Hou] et **which** [ouitch] : ils signifient *qui/que*. On utilise **which** avec un « objet » inanimé et **who** avec une personne.
- **whose** [Houz] : il signifie *dont*. Ce relatif est suivi d'un nom (sans article).
- **where** [ouè[eur]] : il signifie *où*, *dans lequel/laquelle*.

4 Entoure le bon pronom relatif.

1. This is the table *who – which* I bought yesterday.
2. The man *who – which* is playing chess is my father.
3. The boys *who – which* broke the window are my neighbours.
4. The cat *who – which* is black and white is mine.

5 **Relie chaque début d'énoncé à la suite lui correspondant.**

1. Give me the box	•	•	**a.** which I want is too expensive
2. The girl	•	•	**b.** where I live
3. That's the man	•	•	**c.** whose son is so lazy
4. This is the street	•	•	**d.** who hates me is Mr Black
5. The teacher	•	•	**e.** where I've put the pencils
6. The computer	•	•	**f.** whose dog is ugly is Emma

Les adverbes

Les adverbes sont des mots qui apportent une précision sur un verbe ou un adjectif. Ils répondent souvent aux questions *comment ? quand ? où ? pourquoi ?*

Les adverbes sont :

- soit dérivés d'un adjectif. On les obtient en ajoutant le suffixe **-ly** à un adjectif, sauf si cet adjectif se termine déjà par **-ly** (ex. : **friendly**, *amical*). Lorsque l'adjectif se termine par **-y**, celui-ci se transforme en **-i** (ex. : **easily**);
- soit des formes « fixes », non déductibles d'autres mots. Tu en connais déjà certains comme les adverbes de fréquence abordés avec le présent simple (**never**, **often**…), ou **very**, **well**, **maybe**, **yesterday**, **before/after**, **much**, **a lot**, **now**, **tomorrow**, **here/there**, **inside/outside**.

NB : Le verbe n'est jamais séparé de son complément par un adverbe.

6 **Traduis les adverbes suivants, de l'anglais au français puis l'inverse.**

1. easily ....

2. strongly ....

3. beautifully ....

4. .... timidement

5. .... égoïstement

6. .... courageusement

7 **Place les adverbes dérivés suivants dans la phrase qui correspond le mieux.**

happily, quietly, politely, clumsily, healthily

1. He's never been rude.
He asked me ....

2. Their children are so calm!
They're playing ....

3. He never eats junk food.
He always eats ....

4. He's in a good mood,
he's singing ....

5. My neighbour dropped* a few boxes.
He helped me ....

* **to drop** = *faire tomber*

8 Entoure l'adverbe qui convient le mieux, et traduis les phrases obtenues.

1. She has *never – there – loudly* spoken English very *before – always – well*.

....

2. The children played tennis *outside   tomorrow – yesterday*.

....

3. His father *always – well* speaks *loudly – after*.

....

4. We'll eat a lot of cake *yesterday – tomorrow – never*.

....

5. Give me the pen which is *loudly – there – well*.

....

Les prépositions

- Prépositions courantes (révisions)
  on = *dessus, sur*
  in = *dans* ou *à* lorsqu'il s'agit d'un lieu étendu (ville, pays)
  at = *à* lorsqu'il s'agit d'un lieu précis et restreint (gare, parc, etc.)
  from = *de (quelque part)*, indique la provenance
  to = *à, vers,* indique une destination
- Le choix de la préposition dépendra de s'il y a mouvement ou non. Tu devras utiliser la préposition **at** lorsque l'on se situe à un endroit en étant statique. Ex. : **I'm at the station**, *Je suis à la gare.*
- En revanche, si tu veux évoquer un déplacement, tu utiliseras la structure **to go to** [t^{eu}] quand tu évoqueras une destination (ex. : **I'm going to school**, *Je vais à l'école*)…
- et **to come from** [fr^{eu}m] quand tu mentionneras une provenance (ex. : **He's coming from Venice**, *Il vient de Venise*).
- Si tu as besoin de demander :
  - où quelqu'un va : **where** + **to be** conjugué + sujet + **going**. Ex. : **Where are you going?**, *Où vas-tu ?*;
  - d'où quelqu'un (re)vient : **where** + **to be** conjugué + sujet + **coming from**. Ex. : **Where are you coming from?**, *Tu (re)viens d'où ?*

9 Complète les phrases avec la bonne préposition : on, in, from, to ou at ?

1. My cousins live .... Hong Kong.

2. Jess is not home, she's .... school.

3. My husband is Irish, he comes .... Ireland.

4. Your glasses are .... the desk.

5. Let's go .... the swimming pool!

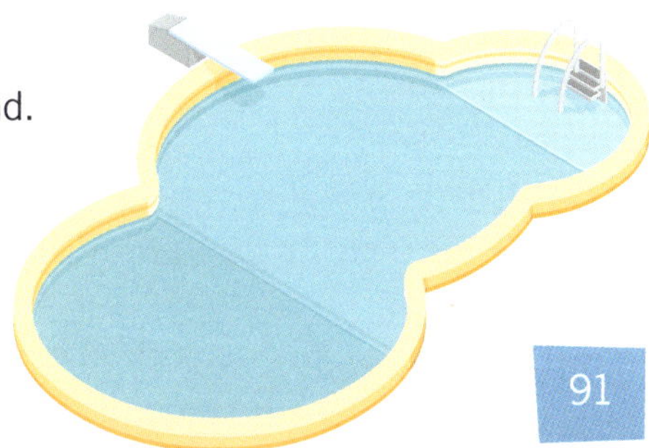

Utilisation de 's

On utilise **'s** après les noms d'endroits impliquant un propriétaire identifiable (médecins, commerçants…) car il y a un cas de possession sous-entendu (chez le médecin = au cabinet du médecin, chez le coiffeur = au salon du coiffeur, etc.). Tu n'utiliseras pas le **'s** lorsque ce sont des endroits où tu n'as pas affaire au propriétaire des lieux (le supermarché, le zoo, le cinéma, la piscine, l'école, le musée, la poste, la gare, etc.). On l'utilise aussi pour dire *chez quelqu'un* (ex. : **Dean's**, *chez Dean*).

Banque de mots

baker ['bèïk^{eur}], *boulanger*
dentist ['dèntist], *dentiste*
hairdresser ['Hè^{eu}drès^{eur}], *coiffeur*
ice rink ['aïs rink], *patinoire*
leisure park ['lèj^{eu} 'pâk], *parc de loisirs*
museum [miou'si^{eu}m], *musée*

10 Dis où ces personnages sont, où ils vont ou d'où ils viennent.

1. Jack est chez le dentiste. ……………………………………
2. Brendan va à la patinoire. ……………………………………
3. Jocelyn revient de chez le coiffeur. ……………………………………
4. Caitlin est au musée. ……………………………………
5. Susanna va à la boulangerie. ……………………………………

Les principales prépositions spatiales

Dans une phrase, elles se placent avant le complément.

across [^{eu}''kros], *de l'autre côté de*
all over [ôl^{eu}-ouv^{eur}], *partout*
along [^{eu}'long], *le long de*
down [da-oun], *en bas, avec mouvement*
near [ni^{eur}], *près de*
over [^{eu}-ouv^{eur}], *par-dessus*
round [ra-ound], *autour*
through [THrou], *à travers**
up [^{eu}p], *en haut, avec mouvement*

* Tu as déjà certainement appris le mot **roof** en 6e ? Petit rappel, c'est le *toit (de la maison)*. Eh bien, en anglais l'expression **go through the roof** signifie *augmenter en flèche !*

Banque de mots

doormat ['dômat], *paillasson*
garage [geu'raj], *garage*
garden ['gâdeun], *jardin*
gate ['gèït], *portail*
lawn ['lôn], *pelouse*
street ['strit], *rue*
window ['ouindeu-ou], *fenêtre*
to crawl ['krôl], *ramper*
to jump ['djeump], *sauter*
to spill ['spil], *renverser*
to throw ['THreu-ou], **threw** ['THrou], **thrown** ['THreu-oun], *lancer*

11 Complète les phrases avec la préposition qui convient.

1. The children are jumping *(au-dessus de)* ....the gate.
2. Mrs John *(descend)* is walking .... the street.
3. Paul has spilled orange juice *(partout sur)*... the doormat.
4. The dogs are playing *(autour)* .... the garden.
5. Paul's mother is angry, she's throwing Paul's ball *(à travers)* .... the window.
6. The cat is sleeping *(près)*... the garage.

Place des prépositions dans les questions avec *who* et *what*

Dans l'unité 4, tu as vu que certains verbes étaient suivis d'une préposition. Eh bien, lorsque ces verbes sont employés dans une interrogation commençant par **who** ou **what**, la préposition se placera en fin de phrase.

12 Pose les questions qui permettent d'obtenir les réponses suivantes, sachant que l'élément sur lequel tu dois axer ta question est souligné dans la réponse.

1. ....?
I'm waiting for my son.

2. ....?
She's talking to you.

3. ....?
He was looking at the birds.

4. ....?
They will listen to some reggae.

Les question tags

- Les **question tags** sont des petits énoncés utilisés à la fin des phrases à l'oral pour demander une confirmation ou faire part de sa surprise, de son étonnement. Selon le contexte, ils peuvent signifier *n'est ce pas ? hein ? ah bon ? vraiment ?* Si l'énoncé est à la FA, tu devras mettre le tag à la FN contractée et à la FA si l'énoncé est à la FN. Le sujet de l'énoncé doit être remplacé par le pronom personnel correspondant.
- On conserve dans le **tag** le même temps que dans l'énoncé. La reprise se fait :
  - avec l'auxiliaire, le modal ou **to be** de l'énoncé. Ex. : **You're going to sleep, aren't you? She has been to Spain, hasn't she? We can't eat, can we?** ;
  - avec **do** si le verbe de l'énoncé est au présent simple et avec **did** si celui-ci est au prétérit. Ex. : **You like pears, don't you? You didn't call, did you?**

13 Entoure la bonne réponse.

1. His cousin can swim, …	**a.** can't he?	**b.** can he?	**c.** he can't?
2. Your parents aren't divorced, …	**a.** do they?	**b.** have they?	**c.** are they?
3. She will help her mother, …	**a.** won't she?	**b.** will she?	**c.** would she?
4. She doesn't like milk, …	**a.** has she?	**b.** do she?	**c.** does she?
5. There has been an accident, …	**a.** doesn't there?	**b.** hasn't there?	**c.** wasn't there?
6. It's not going to rain, …	**a.** has it?	**b.** didn't it?	**c.** is it?

14 Complète avec le question tag qui convient.

1. You ate my biscuit, ...?

2. Zoe's sleeping, ...?

3. They have called you, ...?

4. He could play chess, ...?

5. You like grapes, ...?

6. My friends were funny, ...?

La reprise d'auxiliaire

Elle va te permettre de contredire un propos, d'exprimer un contraste ou un désaccord (« moi ... ; eux, non » [tu fumes, moi non], « moi ... ; eux, si » [ils ne fument pas, toi si]). Comme pour les **question tags**, il faut :

- reprendre l'auxiliaire, le modal ou **to be** de l'énoncé de départ, reprendre avec **do** si le verbe de l'énoncé est au présent simple et avec **did** si celui-ci est au prétérit ;
- inverser la forme. Ex. : **I may not go, you may. We went to school, she didn't.**

15 Charlotte contredit sa mère sur tout : complète ses bulles.

1. "I will read" → " .... "

2. "I like grapes" → " .... "

3. "I've been to Spain" → " .... "

4. "I can't sing well" → " .... "

5. "I went to the hairdresser's" → " .... "

6. "I'm not tired" → " .... "

Bravo, tu es venu à bout de la sixième unité ! Il est maintenant temps de comptabiliser les icônes et de reporter le résultat en page 128 pour l'évaluation finale.

Prononciation

Prononciation

Prononciation des voyelles : a, e, i, o, u

Chaque voyelle a plusieurs façons de se prononcer. Découvre quelques principes rassemblés dans le tableau suivant :

a	• [a] devant plusieurs C (consonnes) (sauf le **r**) ou une C en fin de mot (ex. : **hat** ['Hat]) • [**â**] devant un r seul en fin de mot ou devant **r** + C (ex. : **car** ['kâ^{r}], **park** ['pâk]) • [^{eu}] si elle est seule en fin de mot (ex. : **China** ['tchaïn^{eu}]) • [èï] devant une C + V (ex. : **name** ['nèïm]. Exception : **are** [**â**^{r}]) • [**ô**] devant un **l** (ex. : **call** ['k**ô**l])
e	• elle ne se prononce pas en fin de mot (ex. : **like** ['laïk]) • [^{eu}] quand elle est suivie d'une C en fin de mot (ex. : **chicken** ['tchik^{eu}n]) • [è] devant une C (ex. : **pen** [pèn]) • souvent [**i**]/[i] devant C + V (ex. : **before** [bi'f**ô**^{r}]. Exceptions : **where** ['ouè^{eur}] et **there** ['DHè^{eur}])
i	• [aï] devant C + V (ex. : **write** ['raït]) • [**eu**] devant **r** + C (ex. : **shirt** ['ch**eu**t]) • [i] devant une C (ex. : **kitchen** ['kitch^{eu}n])
o	• parfois [eu] (ex. : **brother** ['breuDH^{eur}]) • [^{eu}ou] lorsqu'elle est seule en fin de mot (ex. : **hello** [H^{eu}'l^{eu}ou]), parfois devant C + V (ex. : **phone** ['f^{eu}oun]), mais pas toujours car par ex. : **love** ['leuv] • [o] devant une C (ex. : **a lot** ['lot]) • [**ô**] quand elle précède un **r** ou le groupe **r** + C (ex. : **sort** ['s**ô**t])
u	• [eu] devant une C (ex. : **mud** ['meud]) • [**iou**] devant C + V (ex. : **university** [**iou**ni'veus^{eu}ti]) • parfois [ou] (ex. : **pullover** ['poul^{eu}ouv^{eu}]) • [**ou**] dans les groupes **ui** et **ue** (ex. : **suit** ['s**ou**t], **glue** ['gl**ou**])

1 Débusque l'intrus dans chaque ligne.

1. cake – hate – nap – bacon
2. ham – flat – rabbit – garden
3. dog – sock – nose – hot
4. hope – nose – go – born
5. rude – cup – blue – glue
6. butter – nut – cup – cute*
7. vet – egg – evening – desk
8. kitchen – oven – where – chicken
9. milk – spider – wife – rice
10. bird – third – wind – girl

* *mignon*

S'entraîner avec les paires minimales

Pour bien intégrer les différents sons d'une langue en cours d'apprentissage, cela pourra t'aider de prononcer ce qu'on appelle des paires minimales, c'est-à-dire des mots qui ne diffèrent que par un seul phonème (ex. : **pin-pan**, *épingle-poêle*, **cat-cut**, *chat-coupure*).

• **Le son [i]**
Il peut être court ou long. Lorsque la lettre **i** se prononce [i], ce son est court. En revanche, il se prononce **[i]** long dans les groupes **ea, ee** et **ei**. Il est important de bien marquer la différence ou tu risques de nombreux malentendus, comme tu pourras le voir en faisant l'exercice 2 !

Banque de mots

bin, *poubelle*
ship, *bateau*
to leave, left, left, *partir*
to slip, *glisser*

2 Entoure le mot qui permet de former une phrase correcte et précise si le son [i] est long ou court (entoure le bon).

1. Emma *lives – leaves* in Spain. [i] - **[i]**
2. The baby *sleeps – slips* 20 hours a day. [i] - **[i]**
3. The *ship – sheep* is a farm animal. [i] - **[i]**
4. English people eat a lot of *beans – bins*. [i] - **[i]**
5. They also *eat – it* [i] - **[i]** a lot of *cheaps – chips*. [i] - **[i]**

Marquer la différence entre le ch et le sh

• Attention à ne pas confondre la prononciation du **ch** et du **sh**, erreur très fréquente ! Cette confusion est gênante car elle peut nous amener à dire *bateau* au lieu de *frite* ou *chaussures* au lieu de *choisir* !

• Retiens que le **ch** se prononce [tch] (ex. : **chewing gum** ['tchouing geum]) et que le **sh** se prononce [ch] (ex. : **mushroom** ['meuchr**ou**m]).

3 **Place ces mots au bon endroit et entoure le son qui correspond à la partie soulignée.**

chocolate - shopping - shirt - armchair - English - chicken

1. Kim had .... and chips for dinner. **[ch]-[tch]**
2. They do the .... on Saturdays. **[ch]-[tch]**
3. Mom is making a .... cake. **[ch]-[tch]**
4. .... people drink a lot of tea. **[ch]-[tch]**
5. She's sleeping in the .... **[ch]-[tch]**
6. Dad is wearing a blue .... **[ch]-[tch]**

Entraîne-toi à prononcer les paires [ch] – [tch] suivantes :
ship-chip, **she's-cheese**, **sheet-cheat**, **shoes-choose**.

Le h : quand est-il aspiré ?

- Le **h** en début de mot est presque toujours aspiré.
- Il ne l'est pas dans les mots **what**, **when**, **where**, **why** (il l'est dans **who** et **whose**), ni quand il se trouve **à l'intérieur d'un mot** (ex. : **school**. Exception : **behind**).
- Mais dans la très grande majorité des cas, en début d'un mot, il doit être aspiré.

Il faut que tu marques bien cette aspiration car il existe de nombreux mots très ressemblants avec lesquels on pourrait sinon les confondre (malentendus drôles mais gênants assurés là encore ! Tu verras un peu plus bas que **hill**, *colline*, peut être confondu avec un autre mot...). Retiens cependant que le **h** n'est pas aspiré pour les mots **honest** (*honnête*) et **hour**.

4 **Résous les petites énigmes suivantes pour former des paires aspiré/non aspiré (ou l'inverse).**

1. Hi, I .... Paul /  ....
2. I don't like fish. I .... it / I .... pizza yesterday

....

3.  ...... /  ....

La désinence s/es du pluriel et de la 3e pers. sing.

Le **s/es** des pluriels peut se prononcer de trois manières différentes :

- [iz] pour les noms qui forment leur pluriel en -**es** (c'est-à-dire après les lettres **s**, **sh**, **ch**, **x**, **z**, les sons [ch] et [dj]) ;
- [z] après les sons [b], [d], [g], [l], [m], [n], [ng], [v], [DH], [o] et les voyelles ;
- [s] après les sons [f], [k], [p], [TH], [t].
- Pour les noms se terminant en **-y** : [iz] (ex. : **babies** ['bèïbiz]), sauf si le **y** ne se prononce pas [i] (ex. : **flies** ['flaïz]).

Prononciation du s/es à la 3e pers. sing. :

- Le **es** se prononce [z] ou [iz], [iz] après les sons [s], [ch], [tch], [j], [x], [z] ;
- Le **s** se prononce [s] après les sons [p], [t], [k], [f] et [z], et [z] après les voyelles et les sons [b], [d] et [g]. Mais tu verras que le choix s'impose de manière assez naturelle.
- Pour les verbes se terminant en **-y** : [iz] (ex. : **worries** ['oueuriz]), sauf si le **y** ne se prononce pas [i] (ex. : **plays** ['plèïz]).

5 Dix mots (cinq noms et cinq verbes) sont ici mal classés. Barre-les et indique sur les pointillés dans quelle colonne ils auraient dû être.

	[iz]	[z]	[s]
noms	boxes	socks	hats ....
	brushes	houses	weeks ....
	peaches (*pêches*)	glasses	beds ....
	cherries (*cerises*)	doors	stairs ....
verbes	plays	knows	cries ....
	watches	thinks	swims ....
	tidies	wants	laughs ....
	washes	drives	likes ....

6 Coche la bonne prononciation des verbes suivants (présent simple, 3e pers. sing.).

	[iz]	[z]	[s]
1. sleeps			
2. teaches			
3. swims			
4. lives			
5. cooks			
6. plays			

La désinence -ed du prétérit

Il existe 3 façons de prononcer le -**ed** :

- entre [^{eu}d] et [id] après les sons [d] et [t] ;
- [t] après les sons [p], [k], [f], [s] et [(t)ch] (il est alors trop difficile de prononcer [d]) ;
- [d] après les autres sons.

7 **Répartis les verbes au prétérit suivants dans le bon lot.**

washed, hated, smoked, painted, worked, called, enjoyed, divorced, cleaned, played, lived, liked, cried, listened, cheated, wanted, cooked

[d]

[t]

[^{eu}d]/[id]

Les lettres silencieuses

Il arrive parfois que certaines lettres ne se prononcent pas. Découvre ici les cas les plus importants.

b	Ne se prononce pas dans le groupe **mb**, en particulier en fin de mot (ex. : **dumb** ['deum]).
k	Ne se prononce pas dans le groupe **kn** en début de mot (ex. : **know** ['n^{eu}ou]).
l	Ne se prononce pas devant les lettres **m**, **k**, **f** (ex. : **walk** ['wôk], **half** ['Hâf], **lamb** ['lam]) et dans **would** [oud] et **could** ['koud].
t	Silencieux entre 2 C (ex. : **Christmas** ['krism^{eu}s]) et avec les graphies C + -**ten** (ex. : **listen** ['lis^{eu}n]).
w	Silencieux devant un **r** (ex. : **wrong** ['rong]) et dans quelques autres mots courants (ex. : **two** ['tou]).

8 **Huit mots contenant une consonne silencieuse sont cachés dans cette grille, retrouve-les en t'aidant des indices.**

A	K	N	I	F	E	T	I
P	N	I	F	I	N	S	C
L	C	S	O	N	D	A	E
U	A	A	W	H	A	L	F
M	S	D	R	E	G	M	U
B	T	K	I	A	R	O	N
E	L	E	T	L	O	N	T
R	E	X	E	S	W	H	O

1. deux fois plus que ¼ ....

2. .... and fork

3. maison des rois ....

4. suit une question ....

5. on utilise un stylo pour le faire ....

6. il répare l'évier ....

7. poisson à chair rose ....

8. sert à questionner sur l'identité ....

Les accents de mots

- As-tu remarqué qu'en anglais on entend certaines syllabes plus que d'autres ? Ces syllabes sont plus fortes et plus longues car elles portent ce qu'on appelle un accent tonique. Dans les transcriptions phonétiques, ces syllabes sont précédées par une apostrophe (ex. : dans le mot **rabbit**, on entend surtout le [ra], ce nom est donc noté 'rabbit).
- Il existe quelques règles pour savoir où se trouve l'accent mais tu apprendras les accents en entendant les mots régulièrement. Quand tu apprendras un nouveau mot, essaie en même temps de retenir son accentuation.
- Seuls les mots qui apportent de l'information (verbes, adverbes, adjectifs, noms) sont accentués. Ex. : **my 'glasses are on the 'desk**.
- Pour l'heure retiens juste que les noms et adjectifs sont généralement accentués sur la 1re syllabe et les verbes sur la 2e quand ils en ont plusieurs (seul l'infinitif compte, les désinences -**ing** et -**ed** ne comptent pas comme une syllabe. Ex. : **'pizza**, **'married**, **to for'give**.
- Exceptions que tu peux retenir dès maintenant : **He'llo**, **Ju'ly**, **e'leven**, **to'mato**, **po'tato**, **ba'nana**, **Sep'tember**, **No'vember**, **um'brella** pour les noms. Sache aussi que les verbes se terminant en -**en**, -**y**, -**ow**, -**sh** sont accentués sur la 1re syllabe. Enfin, les noms composés sont accentués sur le premier nom (ex. : **'raincoat**).

9 Ryan récite ses noms et Jane ses verbes, ils font cinq erreurs à eux deux : entoure-les.

wo'**rry**
'**pu**nish
for'**get**
o'**pen**
en'**joy**
'**lis**ten
'**ti**dy

'**so**fa
'**chi**cken
umbre'**lla**
He'**llo**
'**school**bag
tooth'**pa**ste
ele'**ven**
'**pen**cil
Sep'**tem**ber
'**sho**wer
po'**ta**to

10 Entoure la bonne proposition.

1. ba'nana – 'banana
2. sau'sage – 'sausage
3. to 'borrow – to bo'rrow
4. to 'explain – to ex'plain
5. 'bedroom – bed'room
6. o'nion – 'onion
7. 'handsome – hand'some
8. la'zy – 'lazy

Les liaisons

Il existe aussi des liaisons en anglais. Tout comme en français, elles facilitent la prononciation et donnent de la fluidité au discours. Quand un mot finit par un son C et qu'il est suivi par un son V, tu feras comme si la C faisait partie du mot qui suit. Ex. : **an elephant** = **a nelephant** [eu 'nélifeunt] ; **get up** = **ge tup** ['gè teup]) ; **Easy, isn't it?**

11 Décline ces expressions comme dans les exemples ci-dessus.

1. read it = ... [....]
2. an egg = ... [....]
3. six onions = ... [....]
4. look at = ... [....]
5. good apple = ... [....]

La liaison avec le r

Le **r** de fin de mot ne se prononce pas si ce mot est isolé ou suivi d'un mot commençant par une C (ex. : **car** ['kâ]). Il faut que tu saches aussi que le **r** suivant une V et précédant une C (groupe V + **r** + C) ne se prononce pas mais que le son voyelle qui le précède est allongé (ex. : **park** ['pâk]).

12 **Dans ces mots, le r ne se prononce pas. Vrai ou faux ? Place ensuite les prononciations suivantes sous les mots qui correspondent.**

['f**ô**k] – [d^{eu}'v**ô**st] – ['b**eu**d] – ['sk**â**f] – [d**ô**] – ['k**â**pit] – ['ou**eu**k] – [p**ô**k] – ['m**â**k^{eu}t] – ['f**â**m]

1. fork .... vrai ☐ faux ☐
....

2. umbrella vrai ☐ faux ☐
....

3. divorced vrai ☐ faux ☐
....

4. bird vrai ☐ faux ☐
....

5. children vrai ☐ faux ☐
....

6. scarf vrai ☐ faux ☐
....

7. door vrai ☐ faux ☐
....

8. boring vrai ☐ faux ☐
....

9. grapes vrai ☐ faux ☐
....

10. carpet vrai ☐ faux ☐
....

11. work vrai ☐ faux ☐
....

12. pork vrai ☐ faux ☐
....

13. market vrai ☐ faux ☐
....

14. carrot vrai ☐ faux ☐
....

15. farm vrai ☐ faux ☐
....

Le **r** de fin de mot ne se prononce pas si ce mot est isolé ou suivi d'un mot commençant par une C. Cependant, quand un mot se terminant en **r** est suivi d'un mot débutant par une V, on prononce ce **r** pour faire la liaison.

13 **Comme dans les exemples 1 et 2, indique quand tu dois prononcer le r (et donc faire la liaison) ou non.**

1. four ☒ ties 2. four ~ eyes

3. sugar and milk

4. her umbrella

5. pear cake

6. mother and father

7. better marks

L'intonation

En anglais, il existe une intonation montante et une descendante. L'intonation est montante dans :

- les questions auxquelles on répond par *oui* ou *non*,
- les phrases où l'on attend une suite (ex. : **I was sleeping when…**),
- les phrases où l'on veut marquer son désaccord ou au contraire rassurer quelqu'un.

Elle est descendante dans :

- les questions commençant par un interrogatif en **wh-** (**why**, **where**, **who**, **what**, **when**). Fais donc attention de ne pas monter en te disant que c'est une question !
- les phrases affirmatives évoquant des faits et informations neutres,
- les ordres (impératif) et les exclamations,
- dans les phrases avec un **question tag**.

14 Entoure l'intonation correcte (descendante ou montante) pour ces phrases.

1. Do you like dogs? ✱ ▲

2. The new teacher is nice, isn't he? ✱ ▲

3. Don't eat too much pizza! ✱ ▲

4. When are you leaving? ✱ ▲

5. Who is that girl? ✱ ▲

6. I'm sure you'll get a good mark. ✱ ▲

7. Austalia is an island and a continent. ✱ ▲

8. No, I don't like mustard. ✱ ▲

9. What a beautiful house! ✱ ▲

10. Are you ready? ✱ ▲

11. Queen Elizabeth was born in 1926. ✱ ▲

12. I was taking a shower ... (when you called) ✱ ▲

Bravo, tu es venu à bout de la partie prononciation ! Il est maintenant temps de comptabiliser les icônes et de reporter le résultat en page 128 pour l'évaluation finale.

Culture et civilisation

Langage idiomatique et vie quotidienne

Comme en français, il existe dans la langue anglaise de nombreuses expressions qu'il est utile de connaître pour bien comprendre les gens et se faire comprendre au quotidien dans un pays anglophone. Garde bien à l'esprit que proverbes et expressions ne peuvent pas se traduire mot à mot. Familiarise-toi avec ces différences culturelles en faisant les exercices qui suivent.

Flip-flop words

Ce sont des mots amusants, généralement formés de deux noms et qui jouent sur la répétition de certains sons. Il en existe des centaines en anglais, comme **knick-knack** (*bibelot*), **easy-peasy** (*fastoche*) ou **willy-nilly** (*bon gré mal gré*). Ils peuvent aussi utiliser des prénoms, comme **even-Steven** (*quitte, à égalité*). Au fait, sais-tu ce que sont des **flip-flops** ? Ce sont des *tongs* ! Probablement nommées ainsi à cause du bruit qu'elles font quand on marche !

1 Reconstitue ces flip-flop words et associe-les à leur signification.

1. helter- •	• **a.** patter •	• *charabia*
2. pitter- •	• **b.** jumbo •	• *tête de linotte*
3. harum- •	• **c.** washy •	• petit tapotement, comme le bruit de la pluie
4. silly- •	• **d.** Billy •	• *fadasse, beauf*
5. mumbo- •	• **e.** skelter •	• 1/ nom : *toboggan* 2/ adj. : *désordonné*
6. wishy- •	• **f.** scarum •	• *gros bêta*

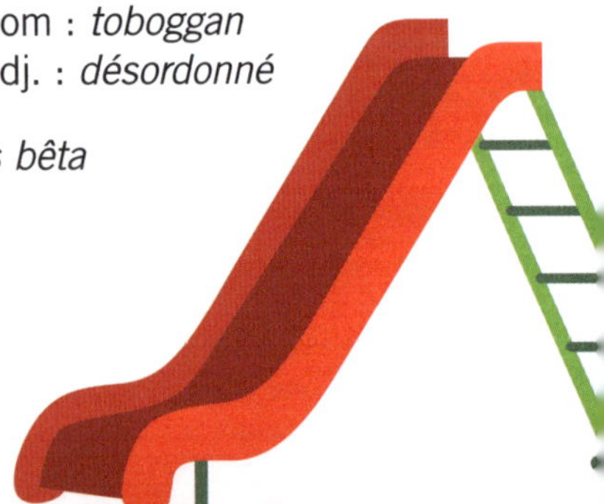

2 **Relie les onomatopées françaises à leur équivalent anglais.**

Miam ! •	• Ouch!
Ouf ! •	• Yummy!
Beurk ! •	• Phew!
Aïe ! •	• Shoo!
Ouste ! •	• Yuck!

3 **Emily utilise beaucoup de mots d'argot (familiers). Apprends-en quelques-uns en essayant de deviner ce qu'elle dit (choisis la bonne proposition).**

1. "I totally dig that song!".
Elle…
a. déteste cette chanson
b. reconnaît cette chanson
c. adore cette chanson

2. "You're not coming to my party? It sucks!" Elle dit …
a. que c'est tant mieux !
b. que ça craint !
c. que ce n'est pas grave !

3. Tu viens de lui proposer d'aller voir un film. Elle te répond "Wicked!", elle trouve ton idée…
a. super
b. débile
c. surprenante

4. "Your shoes are so lame."
Elle trouve tes chaussures…
a. trop horribles
b. trop belles
c. trop chères

Faits culturels anglais (1/5) : *tea*

Tea is a serious matter in England. It began to be very popular there in the 18th century. The English language has many sentences using the word 'tea': it's not my cup of tea (*Ce n'est pas ma tasse de thé/ça ne me plaît pas*), **Not for all the tea in China** (*Pas pour tout l'or du monde*), **A tempest/storm in a teapot** (*Une tempête dans un verre d'eau*), **As good as a chocolate teapot** (*Inutile*). **There is a Chinese proverb, which says: A day without tea is a day without joy. Well, 165 million cups of tea are drunk in England every day!**

The big question is 'Tea or milk first?'. In 1946 the writer George Orwell wrote a small book called *A Nice Cup of Tea.* According to him, real tea is strong Indian tea, with milk (not cream) and no sugar and… you must pour the milk after the tea!

English people use the word 'cuppa' – abbreviation of 'cup of'– to mean a 'cup of tea'. And be careful because they sometimes use the word 'tea' instead of 'meal' too. To English people, tea means black tea, usually with milk and sugar. 'Builder's tea' (strong, with milk and two sugars) is still very popular but more and more people now drink green tea because they think it is healthier.

to begin, began, begun, *commencer*
to mean, meant, meant, *signifier*
to pour, *verser*
according to, *selon*
careful, *prudent*
healthier, *plus sain*
joy, *joie*
matter, *question*
more and more, *de plus en plus*
still, *toujours*
well, *eh bien*

4 Pose la question qui permet d'obtenir les réponses suivantes, portant sur le texte.

1. ……………………………………………………? It means *pas pour tout l'or du monde.*
2. ……………………………………………………………………………? 165 million.
3. ……………………………………………………………………… ? In the 18th century.
4. …………………………………………………………………………… ? George Orwell.
5. …………………………………………………………………… ? It means 'a cup of tea'.
6. …………………………………………………………? It's a way to make and drink tea: strong, with milk and two sugars.
7. ………………………………………………………………? Because they think it is healthier.

Faits culturels anglais (2/5) : *Bonfire Night* ou *Guy Fawkes' Night*

Cette fête anglaise, qui a lieu le 5 novembre, commémore une tentative de renversement du Parlement anglais par des conspirateurs en 1605. Les conspirateurs, parmi lesquels Guy Fawkes, avaient prévu de faire sauter le Parlement (et potentiellement de tuer le roi dans cet attentat). Pris de remords, un des treize conspirateurs envoya une lettre anonyme conseillant de ne pas se rendre au Parlement ce jour-là. L'information arriva aux oreilles du roi, qui décida d'envoyer des soldats pour arrêter les conspirateurs. Guy Fawkes fut torturé avant d'être condamné à mort. Cette nuit-là, des Anglais allumèrent des feux de joie pour fêter cette arrestation ayant permis d'épargner leur roi ; c'est pour cette raison que cette nuit fut appelée **Bonfire Night**. Depuis lors, les Anglais fêtent le 5 novembre en brûlant des bonshommes de paille représentant Guy Fawkes et en organisant des feux d'artifice. Il est aussi de coutume pour les enfants de faire claquer des pétards. Cet événement a donné lieu à de nombreuses comptines et chansons populaires. La plus connue est *Remember, Remember, the 5th of November.*

to burn, *brûler*
to die, *mourir*
to happen, *avoir lieu*
king, *roi*
last, *dernier(ère)*
straw, *paille*

5 **Classe les affirmations suivantes sur *Bonfire Night*, selon qu'elles sont vraies ou fausses, et apporte les correctifs éventuels.**

	R	W	Corrections
1. Bonfire Night is in the summer.			
2. The plot happened in the 17th century.			
3. Guy Fawkes was the name of one of the conspirators.			
4. The Houses of Parliament exploded but the King did not die.			
5. The King forgave Guy Fawkes.			
6. People now burn straw men representing Guy Fawkes to celebrate.			
7. *Remember, Remember, the 5th of November* is the last sentence that the King said before he died.			

Faits culturels anglais (3/5) : autour des prénoms

Les Anglais et Américains s'appellent beaucoup par le diminutif de leur prénom (ex. : **Terence → Terry**).

6 Relie chaque prénom à son diminutif.

1. Edward •	• **a.** Ned
2. Amanda •	• **b.** Bill
3. Richard •	• **c.** Bob
4. Robert •	• **d.** Mindy
5. William •	• **e.** Libb
6. Elizabeth •	• **f.** Dick

7 Qu'ont en commun les prénoms Laurie, Evelyn, Cecil, Benedict et Lawrence ? Entoure la bonne proposition.

a. Ils sont masculins **b.** Ils sont mixtes

Certains prénoms sont utilisés dans des expressions toutes faites, qui reposent parfois (mais pas systématiquement) sur les sonorités.

8 Complète ces pendus avec ces prénoms : Larry, Harry, Jack, Billy, Dick, Bob, Simon, Thomas, Alec, John.

1. _ _ c _ of all trades = *quelqu'un de très bricoleur*

2. _ _ b's your uncle = *expression signifiant « Et voilà, c'est fait ! »*

3. Smart _ _ _ c = *monsieur je-sais-tout*

4. Clever _ i _ _ = *petit malin*

5. Doubting _ _ _ m _ _ = *sceptique*

6. Hairy _ _ rr_ = *homme poilu*

7. Happy as _ a _ _ y = *very happy*

8. _ o_ _ Doe = *homme à l'identité inconnue*

9. Simple _ i_ o _ = *un simplet*

10. Silly _ il _ _ = *gros bêta*

Faits culturels anglais (4/5) : histoire du sandwich

Selon la légende, le sandwich aurait été rendu populaire, si ce n'est inventé, par le comte de Sandwich (John Montagu), au XVIIIe siècle. Grand amateur de jeux de cartes, il aurait demandé à une cuisinière de lui préparer un plat consommable sans avoir à interrompre son activité. Celle-ci lui prépara une collation composée de viande entre deux tranches de pain, dont il devint friand. Cette préparation inconnue jusqu'alors prit le nom du comte et fit immédiatement fureur.

Aujourd'hui, le sandwich préféré des Anglais est le **B.L.T.** (**bacon, lettuce, tomato**, *bacon, laitue, tomate*). Un autre classique anglais est le **Coronation chicken**. Inventé pour le banquet du couronnement de la reine Élisabeth II en 1953, il se compose de poulet, d'une sauce au curry, de raisins secs, d'herbes et d'épices.

À l'heure du thé, les Anglais peuvent consommer le **tea sandwich** ou **finger sandwich**, petit sandwich léger, souvent de forme triangulaire, contenant des légumes comme du cresson, du radis ou du concombre en très fines tranches. Perçu comme un simple amuse-bouche, le sandwich au concombre a longtemps été le symbole des classes aisées ; il est encore considéré comme le plus raffiné de nos jours.

beef, *bœuf*
turkey, *dinde*
cucumber, *concombre*
light, *léger*
refined, *raffiné*

9 Corrige les erreurs dans le devoir de Pierre, qui doit restituer ce qu'il a appris sur l'histoire du sandwich en cours de civilisation anglo-saxonne.

The sandwich is an English invention.
……………………………………
An Earl called Sandwich invented it
……………………………………
in the seventeeth century. Today,
……………………………………
the favourite sandwich in England is
……………………………………
the B.L.T, which contains beef , lemon
……………………………………
and turkey. The Coronation chicken
……………………………………
sandwich was created for the coronation
……………………………………
of Queen Elizabeth I in nineteen
……………………………………
forty-three. There's chicken, raisins,
……………………………………
herbs, spices and a curry sauce in it.
……………………………………
English people have special sandwiches
……………………………………
to eat with tea. They contain vegetables
……………………………………
like cucumber. Cucumber sandwiches are
……………………………………
very light but not very refined.
……………………………………

Faits culturels anglais (5/5) : Cheese rolling

Cheese rolling is one of these crazy things that English people do! It is a kind of funny competition, which people do in May. They run after a round cheese rolling down a hill and try to get it first. It can be a dangerous game and many people fall and sometimes get hurt.

The most famous place that organizes this funny competition is Brockworth, where the cheese is rolled down its hill called Coopers Hill. There is also one in a small village called Randwick, where they roll three cheeses around the church. When the competition is over, the villagers share a cheese and have a snack with it. The legend says it will protect them.

crazy, *fou, folle*
famous, *célèbre*
hill, *colline*
a kind of, *un genre de*
over, *terminé(e)*
to get it, *s'emparer*
to roll down, *dévaler*
to share, *partager*

10 Entoure la bonne proposition pour chaque affirmation.

1. La course au fromage est un jeu
a. américain b. anglais c. irlandais

2. Ce genre de compétition est organisé
a. l'été b. au printemps c. à l'automne

3. Les participants
a. doivent fabriquer un fromage rond le plus vite possible
b. doivent manger un fromage rond le plus vite possible
c. doivent attraper un fromage rond qui dévale une colline

4. À Brockworth, un fromage est lâché
a. du haut de la colline Randwick
b. autour de l'église
c. du haut de la colline Coopers

5. À Randwick, pour attirer la bonne fortune, après la compétition
a. les gens mangent un fromage
b. les gens vendent un fromage
c. les gens brûlent un fromage

Faits culturels écossais (1/2) : *the legend of Bruce and the spider*

Robert Bruce, ou Robert I, devint roi d'Écosse en 1306. Dès le début de son règne, celui-ci fut poursuivi par l'armée anglaise, si bien qu'il embrassa pendant un temps une vie de fugitif. Selon la légende, alors qu'il se trouvait dans une grotte, il vit une araignée tentant de tisser une toile mais n'y parvenant pas et chutant à plusieurs reprises. Redoublant d'efforts, celle-ci finit cependant par arriver à son but et à construire une toile solide. Cette scène aurait donné une leçon de vie au nouveau roi en fuite, en lui montrant qu'il ne faut jamais baisser les bras. Elle lui redonna le courage nécessaire pour affronter l'armée anglaise, qu'il parvint à vaincre à la bataille de Bannockburn, en 1314.

to build, **built**, **built**, *construire*
to defeat, *battre*
to fail, *échouer*
to give up, *abandonner*
to manage, *réussir*
to teach, **taught**, **taught**, *enseigner*
beginning, *début*
cave, *grotte*
several, *plusieurs*
strength, *force*
successful, *couronné de succès*
web, *toile*

11 **La chronologie de la légende sur Robert Bruce suivante est incorrecte, remets-la dans le bon ordre.**

1. The legend says that it taught Bruce the lesson that you must never give up.

2. He was chased by the English army at the beginning of his reign and had to live as a fugitive, living in caves.

3. The 'spider episode' gave him strength. After that, he defeated the English army at the Battle of Bannockburn in 1314.

4. The legend says that he saw a spider in a cave. It was trying to build a web.

5. The spider was not very successful and failed several times.

6. Robert Bruce, or Robert the First, became King of Scotland in 1306.

7. But it tried again and again and finally managed to make its web.

....

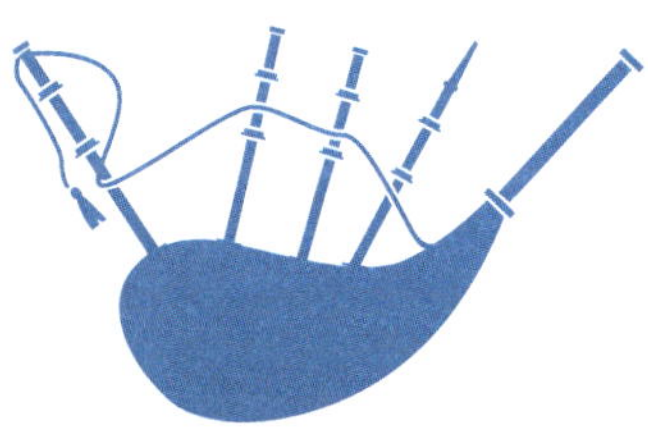

Faits culturels écossais (2/2) : Sherlock Holmes

The Scottish have made important inventions. They invented the refrigerator in 1748, the flush toilet in 1775, and the television in 1923. On a different level... Scotland has also claimed many famous literary creators. The Scottish writer Conan Doyle, who was a surgeon and a good boxer, is the creator of Sherlock Holmes. At the beginning he was going to call the popular detective Sherlock Sherrinford. The first story with Holmes was ***A Study in Scarlet*** (*Une étude en rouge*), followed by many others between 1887 and 1930, like ***The Speckled Band*** (*La Bande mouchetée*), ***A Scandal in Bohemia*** (*Scandale en Bohême*) and ***The Hound of the Baskervilles*** (*Le Chien des Baskerville*). Many stories were adapted to films, Dracula is the only character that appears more in films than Holmes. In the stories, Holmes lives in London, at 221b Baker Street. There's a Sherlock Holmes Museum at this address in real life!

to claim, *revendiquer*
character, *personnage*
flush toilet, *chasse d'eau*
followed by, *suivi de*
in real life, *dans la vraie vie*
like, *comme*
on a different level, *à un autre niveau*
story, *histoire*

12 Trouve les mots-clés (anglais) qui correspondent aux indices français suivants.

U	H	O	U	N	D	S	A	I	R
S	B	A	K	E	R	C	R	M	O
A	C	E	S	D	B	A	N	D	S
N	A	L	I	O	P	N	E	A	U
S	T	U	D	Y	A	D	I	U	R
H	I	L	L	L	U	A	T	G	G
P	E	T	O	E	L	L	H	H	E
I	C	E	L	U	A	E	E	T	O
T	E	L	E	V	I	S	I	O	N
V	I	D	R	A	C	U	L	A	T

1. Les Écossais ont inventé le réfrigérateur, la chasse d'eau et ....

2. Créateur du détective Sherlock Holmes : Conan ....

3. Profession de l'écrivain : ....

4. Première histoire mettant en scène Sherlock Holmes : *A* .... *in Scarlet*

5. Autres histoires connues avec le détective : *The Speckled* .... , *A* .... *in Bohemia* et *The* .... *of the Baskervilles*

6. Seul personnage de fiction à apparaître dans plus d'adaptations cinématographiques que Holmes : ....

7. Adresse de Sherlocks Holmes, à Londres : 221b .... Street

Faits culturels irlandais (1/2) : la Grande Famine

La Grande Famine d'Irlande est un événement tragique qu'a connu ce pays entre 1845 et 1849. Les Irlandais étaient des paysans non propriétaires. Leur alimentation de base était la pomme de terre, qu'ils avaient le droit de cultiver pour leur consommation personnelle. Ils dépendaient donc totalement de ce tubercule pour leur survie. Or une maladie toucha la pomme de terre ces années-là. Environ un million d'Irlandais moururent (25 % de la population), deux millions s'exilèrent vers les États-Unis, l'Australie ou encore le Canada. Affaiblis par la malnutrition, jusqu'à 40 % des passagers ne survivaient pas à leur tentative de traversée car ils étaient plus sensibles aux maladies ; pour cette raison, ces bateaux étaient appelés les *navires cercueils* (**coffin ships**). Cet épisode a beaucoup influencé l'histoire de l'immigration aux États-Unis, où il existe une très nombreuse population d'origine irlandaise, en particulier dans des villes comme Boston, New York ou Chicago.

to fall in love, *tomber amoureux*
to win, won, won, *gagner*
disease, *maladie*
of his time, *de son temps*
only, *seul(e)*
plays, *pièces de théâtre*
working-class, *classe ouvrière*

13 Associe chaque question à la réponse qui lui correspond.

Questions	Réponses
a. When did the Irish Famine happen?	**1.** 25% of the population did.
b. Where did some Irish go to?	**2.** Because there was a disease that destroyed the potatoes.
c. Why were the ships called 'coffin ships'?	**3.** Because it was the only food the Irish had.
d. Why was there this famine?	**4.** Between 1845 and 1849.
e. Why was the potato disease a big disaster?	**5.** In Boston and New York for example.
f. Where are there many people of Irish origin in the USA?	**6.** They went to the USA, Canada, and Australia.
g. How many Irish died?	**7.** Because many Irish died on them.

Faits culturels irlandais (2/2) : G.B. Shaw

George Bernard Shaw was a famous Irish writer (1856-1950). He was a member of the Fabian Society, a socialist group who wanted to change British society. He wrote many plays, like *Mrs. Warren's Profession, The Doctor's Dilemma, Heartbreak House.* His plays criticized the society of his time and social hypocrisy. In 1925, he won the Nobel Prize in Literature.

In 1912, Shaw wrote a famous play called *Pygmalion.* He used the following story from Ovid (a Roman poet): Pygmalion, a sculptor, creates a statue of the ideal woman and falls in love with it. Shaw uses this myth but in a more social way. Professor Higgins, who is a specialist in phonetics, teaches a working-class girl –a flower girl called Eliza Doolittle– how to speak like a lady and observes how society treats her better when they think she comes from an aristocratic family. There was an adaptation of Shaw's play into a musical comedy called *My Fair Lady* in 1956.

14 Complète la grille suivante.

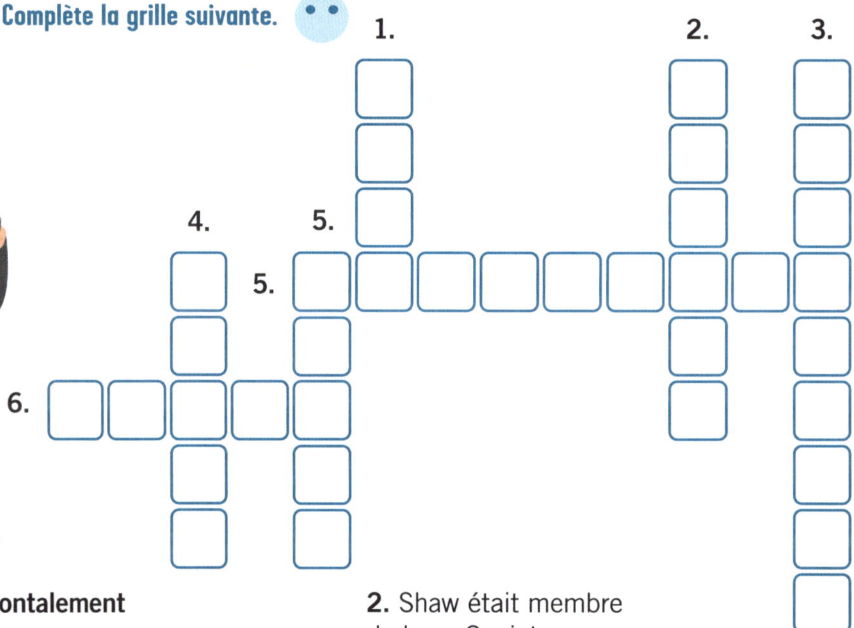

Horizontalement

5. Titre de la célèbre pièce de Shaw de 1912

6. … Doolittle, prénom de la vendeuse de fleurs

Verticalement

1. Nom de la comédie musicale adaptée de Pygmalion : *My Fair …*

2. Shaw était membre de la … Society

3. Professor Higgins est spécialiste de …

4. Nationalité de G.B. Shaw

5. Type d'ouvrages écrits par Shaw (**not novels**…)

Faits culturels néo-zélandais

La Nouvelle-Zélande est un tout petit pays à l'est de l'Australie. Elle est composée de deux îles très montagneuses séparées par le détroit de Cook (**Cook Straight**). Sa capitale est Wellington mais la population d'Auckland est plus importante. C'est le capitaine Cook qui, en 1769, y posa le pied pour en faire rapidement une colonie anglaise. La Nouvelle-Zélande devint indépendante en 1947. Aujourd'hui, elle fait partie du Commonwealth. Fait historique notable : c'est le premier pays à avoir accordé le droit de vote aux femmes, et ce dès 1893 !

Le symbole du pays est le kiwi (l'oiseau), si bien que les Néo-Zélandais sont eux-mêmes surnommés les « kiwis ». Le pays produit et exporte aussi le kiwi (le fruit). Cependant, ce fruit n'est pas néo-zélandais mais originaire de Chine et l'Italie en produit plus que la Nouvelle-Zélande, qui n'a commencé à en produire que dans les années 1950 ! **Surprising, isn't it?**

NB : C'est en l'honneur d'Arthur Wellesley, duc de Wellington, que la capitale néo-zélandaise a été baptisée. Savais-tu qu'en anglais, des **Wellington boots** sont tout simplement... des bottes en caoutchouc ? Et ces bottes ont en effet été popularisées en Grande-Bretagne par le duc en question !

nickname, *surnom*
right, *droit*
rubber, *caoutchouc*

15 **Sarah a eu quelques trous de mémoire. Trouve les lettres/chiffres manquants pour compléter son résumé sur la Nouvelle-Zélande.** ••

New Zealand is composed of _ _ o islands. It is in the e _ s _ of Autralia. The capital is Wellingt _ _. The name comes from the Duke of Wellingt _ _ (in English Wellingt _ _ boots are rubber boots!). In _ _ 69, Captain Coo _ arrived in New Zealand and made it a _ _ _ ony. New Zealand became independant in 19 _ _. Today it is a member of the Co _ _ onwealth. Women had the right to _ _ te in 1893. The ki _ _ bird is the national symbol and the New Zealanders' nickname is "the kiwis". New Zealand produces and exports some kiwi fruit too. But the kiwi fruit comes from _ _ ina and some countries like Italy produce more of it.

Faits culturels américains (1/2) : lois étonnantes

Dans tous les pays, il existe des lois complètement folles. En voici quelques-unes, venues tout droit des USA.

State *(État)*	**It is illegal to...** *(Il est illégal de...)*
Florida	fart in a public place after 6 p.m. on a Thursday
Dakota	fall asleep in a cheese factory
Idaho	fish on a camel's back
Carolina	sing off key
California	lick toads
Texas	sell your eyes
Virginia	tickle women
New York	walk on Sundays with an ice cream in your pocket
Minnesota	cross state lines with a duck on your head
Hawai	put coins in your ears
New Jersey	slurp your soup
Arizona	sleep in a bathtub if you're a donkey

to cross state lines, *traverser la frontière*
to fall, fell, fallen asleep, *s'endormir*
to fart, *péter*
to lick, *lécher*
to sell, sold, sold, *vendre*
to sing off key, *chanter faux*
to slurp, *boire bruyamment*
to tickle, *chatouiller*
back, *dos*
bathtub, *baignoire*
coin, *pièce de monnaie*
donkey, *âne*
toad, *crapaud*

16 Vrai ou faux ? Apporte la correction quand l'affirmation est fausse.

1. Il est interdit de péter le dimanche en Floride.

....

2. Il est interdit de s'endormir dans une usine à fromage dans le Dakota.

....

3. Il est interdit de lécher des pièces en Californie.

....

4. Les ânes n'ont pas le droit de dormir dans une baignoire dans le Minnesota.

....

5. Dans l'État de New York, il est interdit de manger de la glace le dimanche.

....

17 Réponds à ces deux questions.

1. Où est-il interdit de pêcher à dos de chameau ?

....

....

....

2. Où est-il interdit de chanter faux ?

....

....

....

Faits culturels américains (2/2) : Thanksgiving

Thanksgiving is an American holiday. People celebrate it on the 4th Thursday of November. Where does the tradition come from? Pilgrims coming from Europe, who wanted to start a new life, emigrated to America in the 17th century. They took a ship called *The Mayflower.* They arrived in Cape Cod, Massachusetts, and settled the Plymouth Colony. Those pilgrims were called the 'Pilgrim Fathers'. Thanksgiving celebrates these early settlers and their first harvest, which they shared with the native people. Thanksgiving became a national holiday in 1863. Today it is a very important day, which people spend with their families. On that day, people eat turkey and corn with cranberry sauce, and pumpkin pie. It is a day when people think about what they are grateful for – like family, friends, children, health. Today, some people replace the traditional turkey with a very original meat dish: the turducken. What is that? It's a chicken, inside a duck, inside a turkey! Crazy, isn't it? The dish is very long to prepare. A cook from Louisiana apparently invented the idea in the 1980's.

to settle, *installer*
to spend, spent, spent, *passer*
cook, *cuisinier*
corn, *maïs*
cranberry, *canneberge*
dish, *plat*
grateful, *reconnaissant*
harvest, *récolte*
holiday, *jour férié*
native people, *les Indiens*
pilgrim, *pélerin*
pumpkin, *citrouille*
ship, *bateau*

18 Remets les lettres dans l'ordre pour répondre aux énigmes suivantes (mots en anglais).

1. Nom des premiers colons européens : MILGPLR SAERHFT

2. Nom du navire sur lequel les colons sont arrivés en Amérique : ROWYMAFLE

3. Lieu de création de la 1re colonie : HTUOLMYP

4. Mois où a lieu Thanksgiving : RENVOEMB

5. Les colons ont partagé leur première : RAVHEST

6. Signifie *jour férié* : YHIODLA

7. Nom de la volaille traditionnellement consommée à Thanksgiving : YETUKR

8. Tarte consommée à Thanksgiving : NIPUMKP IPE

9. Adjectif signifiant *reconnaissant* : LGUATEFR

10. Plat très original combinant 3 volailles : NEUDUKTCR

Bravo, tu es venu à bout de la partie culture et civilisation ! Il est maintenant temps de comptabiliser les icônes et de reporter le résultat en page 128 pour l'évaluation finale.

GRAMMAIRE

Unité 1

1

A	W	A	T	E	R	I	U	T	L
I	O	P	B	R	E	A	D	O	E
A	R	P	I	E	R	P	O	A	M
B	M	L	M	A	B	E	A	S	O
U	E	E	I	L	A	A	N	T	N
T	A	R	L	B	N	R	I	J	U
T	T	E	K	P	A	S	T	A	Z
E	G	G	Y	U	N	A	E	M	O
R	I	P	O	T	A	T	O	R	Y
O	B	Y	S	P	I	N	A	C	H

1. water
2. bread
3. pasta
4. egg – eggs
5. potato – potatoes
6. spinach
7. butter
8. meat
9. apple – apples
10. milk
11. banana – bananas
12. pear – pears
13. jam
14. toast

2 **1.** These are bushes. **2.** Those are flies. **3.** Those are wives. **4.** These are tomatoes. **5.** These are feet. **6.** Those are children. **7.** These are foxes. **8.** impossible **9.** These are teeth. **10.** Those are mice.

3 **1.** These are boxes. **2.** That is furniture **3.** This is luggage. **4.** Those are leaves.

4 **1.** There is furniture in the hall. **2.** correct **3.** My hair is red. **4.** The two men are happy. **5.** correct **6.** There is luggage on the bed.

5 **1.** b **2.** c **3.** a **4.** b

6 **1.** correct. On peut aussi mettre Ø **2.** a pear **3.** Ø ou some toast **4.** correct **5.** some ou Ø

7 **1.** Is there enough meat for two? **2.** He's opening every box. **3.** There are a few flies on the jam. **4.** He's got a little money. **5.** Most apples are red.

8 **1.** How much **2.** many – no – a few **3.** some – a little **4.** no – a little – much – some **5.** a lot of

9 **1.** f **2.** d **3.** a **4.** c **5.** b **6.** e

10 **1.** enough **2.** many **3.** a little **4.** How many **5.** most

11 **1.** 32 **2.** 93 **3.** 67

12 **A. c.** eighteen **B. d.** sixty-six **C. f.** 72 **D. g.** forty-three **E. b.** 95 **F. a.** 28 **G. e.** 17

13 **1.** How old are they? They're forty-seven. **2.** How old is she? She's twenty-nine. **3.** How old are they? They're 52. **4.** How old is she? She's 38.

14 **1.** a quarter to midday **2.** ten to seven **3.** six p.m. **4.** a quarter past seven **5.** five to nine p.m.

15 **1.** film à 11h50 **2.** documentaire à 11h30 **3.** rugby à 19h15 **4.** concert de rock à 22h20 **5.** séries à 16h00

16 **1.** Good morning / breakfast **2.** Good evening / dinner **3.** Good night / aucun repas, it's time for bed ! **4.** Good morning / lunch **5.** Good afternoon/a snack

17 **a.** seventeen point five **b.** ninety-nine point two **c.** one hundred and twenty-three point seven

18 **1.** How much are the bikes? They are two thousand and three hundred euros. **2.** How much is the tablet? It's two hundred and thirty-five euros. **3.** How much is the castle? It's five million four hundred and sixty thousand euros.

19 **1.** eighteen, the eighteenth, the 18th **2.** nine, the ninth, the 9th **3.** forty, the fortieth, the 40th **4.** twenty-seven, the twenty-seventh, the 27th

20 **1.** Nicolas **2.** second **3.** Nicolas **4.** fourth **5.** Violette **6.** third

21 **1.** the Sixteenth **2.** the Second **3.** the Sixth

22 **1.** two thirds **2.** three fifths **3.** nine tenths **4.** twenty-three point four percent **5.** forty-eight point four percent

23 **1.** , **3.** , **5.**

24 **1.** July **2.** August

25 Mardi 10 juillet 2017.

26 **On dit :** the twenty-fifth of August nineteen ninety-seven. **On écrit :** August 25th 1997 ou 25th August, 1997

Unité 2

1 **1.** FA : Your father has/'s got a beard. FN : Your father has not/hasn't got a beard **2.** FA : We have/'ve got (some) pets. FI : Have we got any pets? **3.** FI : Has my sister got a guinea pig? FN : My sister has not/hasn't got a guinea pig. **4.** FA : You have/'ve got a brother FN : You have not/haven't got a brother.

2 **1.** Yes, she has. **2.** Have they got glasses? **3.** Have you got freckles?

3 **1.** Anna's got many brothers and sisters. **2.** Tom's got no neighbours. **3.** He hasn't got enough good marks. **4.** They have got twins. **5.** My sister has got a few friends **6.** Chloe's got no brothers and sisters. She's an only child.

4 **1.** Her **2.** His **3.** Your sister's name **4.** Their **5.** Olivia's/hers **6.** mine

5 **1.** Henri and Aline are Laurent and Célia's parents. **2.** Laurent and Célia are Henri and Aline's children. **3.** Sandra is Laurent and Célia's cousin. **4.** Yann and Robert are Laurent and Célia's uncles. **5.** Tina is Laurent and Célia's aunt. **6.** Laurent is Célia's brother. **7.** Célia is Laurent's sister. **8.** Sandra is Yann and Tina's daughter. **9.** Célia is Henri and Aline's daughter. **10.** Laurent is Henri and Aline's son.

6 **1.** There's **2.** Their **3.** They're **4.** There **5.** theirs

7 **1.** Yes, it is. **2.** It's Liam's. **3.** Whose tube of glue is it? **4.** No, it's not. It's Diana's. **5.** It's Lucas's. **6.** scissors – These are Diana's. **7.** Yes, it is. **8.** No, it's not. It's Lucas's. **9.** desk – It's Manon's. **10.** Whose book is it? **11.** These are Manon's. **12.** pen – It's Liam's.

8 **c.** et **a.**

9 He's got grey shoes, brown trousers, a black coat, an orange tie, a white shirt and a green umbrella. He's got grey hair and a grey beard./ She's got brown hair, orange glasses, brown shoes, a purple jacket, a red dress and a red necklace.

10 **1.** Is his father Scottish? No, he's not but he's got a Scottish uncle. **2.** We've got a Spanish neighbour. Sorry? Our neighbour is Spanish. **3.** Is your husband American? No, he's not. He's English. **4.** Have you got a Chinese friend? No, I haven't but my wife is Chinese. **5.** He's got two German cousins and his aunt is Irish.

11

D	E	S	I	R	P	R	U	S	P	D	T	Y	H	E
S	E	A	R	E	E	L	E	R	U	V	E	N	H	E
M	O	T	I	O	N	A	E	O	T	I	R	E	D	S
D	J	E	C	T	I	G	R	B	V	E	S	R	T	K
W	Q	S	F	U	N	P	L	O	Z	U	E	B	C	V
E	U	S	P	A	B	T	D	R	F	U	N	N	Y	R
F	Q	W	N	T	L	R	Q	E	Y	X	S	A	R	X
S	D	T	Z	W	F	T	H	D	D	R	F	O	S	M
O	U	G	I	W	P	A	Q	J	V	B	G	Q	O	B
F	Y	N	U	L	B	V	S	I	C	K	C	N	F	Z
D	I	S	A	P	P	O	I	N	T	E	D	Q	A	G
S	C	A	R	E	D	E	Z	B	W	E	Y	Q	A	J
P	F	X	U	E	D	O	A	J	I	U	A	L	C	P
M	Q	W	N	H	T	G	O	C	C	J	A	I	P	N
A	L	F	W	S	K	N	Q	H	E	T	J	X	Z	T

1. scared **2.** pregnant **3.** proud **4.** shy **5.** bored **6.** sick **7.** angry **8.** disappointed **9.** funny **10.** tired **11.** surprised

12 **1.** Mark **2.** Ian **3.** Liam **4.** Erik **5.** Mark **6.** Liam

13 **H :** **2.** slim **3.** young **4.** tall **5.** weak **6.** clean **8.** sad **9.** ugly **V :** **1.** rude **2.** small **7.** nasty

14 **1.** He's bald. **2.** She's unemployed. **3.** They're homeless. **4.** He's single. **5.** She's married. **6.** They're divorced.

15 **A.** de haut en bas : head, eye, cheek, neck, arm, leg, foot **B.** de haut en bas : hair, ear, nose, mouth, belly, hand, finger, knee

16 L'homme **2** et la femme **2.**

17 My sisters are short/small. They've got red hair. They've got freckles, straight long hair and green eyes. They've got a long nose but they've got short arms and legs.

18 **1.** How clean is this towel? **2.** How funny is your sister? **3.** How tall is his cousin? **4.** How ugly is their dog?

19 **1.** It's very long **2.** She's rather young. **3.** He's not fat at all. He's slim.

20 **1.** Computer science is easier than maths. **2.** Lemon is bitterer than apple. (NB : *more bitter* s'entend parfois car cela est plus facile à prononcer) **3.** Chocolate is better than lemons. **4.** Pamela is younger than Suzanne. **5.** A scooter is not as expensive as a car. **6.** An apple is not as sweet as chocolate.

21 **1. a.** Who's the tallest/the oldest? **b.** Who's the fattest? **2.** What's the most expensive? **3.** Who has got the longest hair?

22 **1.** This is the least beautiful dog in the world. **2.** My brother is the laziest boy in (the) class. **3.** Correct **4.** You're the most selfish girl in (the) class. **5.** My friend Fabien is the funniest of all. **6.** Is your sister the shiest? (note que *shyest* est parfois accepté)

23 **1.** the least bitter / Ce fruit est le moins acide du monde. **2.** the most amazing / Ce film est le plus épatant/ formidable qui soit. **3.** the nicest / Clara est la fille la plus sympa de toutes. **4.** the least interesting / Ce livre est le moins intéressant qui soit/existe **5.** the worst / Je ne suis pas le pire élève de la classe.

24 **1.** This necklace is so expensive! **2.** This film so is amazing! / This is such an amazing film! **3.** Les 3 sont correctes **4.** What rude boys! / They are such rude boys!

25 **1.** What **2.** how **3.** so **4.** such **5.** What **6.** so

26 **1.** What a nice dress / How nice this dress is / This dress is so nice / This is such a nice dress. **2.** What sweet apples / How sweet these apples are / These apples are so sweet / These are such sweet apples.

Unité 3

1 **1.** Is your mother making a cake? **2.** The neighbour's children aren't laughing. **3.** Juliet is watching a film. **4.** Is the baby sleeping? **5.** Oliver's brother isn't doing his homework.

2 **1.** Ø **2.** the **3.** the **4.** Ø

3 **1.** Who is reading? **2.** Who is swimming? **3.** Who's running? **4.** Who's smoking?

4 n°**4.**

5 **1.** This is the end of the period, the bell is ringing. **2.** The teacher is explaining the lesson. **3.** The children are playing inside. **4.** My friend is playing the clarinet. **5.** My father is getting dressed. **6.** What is he doing?

6 **1.** Tom's helping his grandmother. **2.** The baby's crying. **3.** My father is smoking. **4.** My sister's setting the table. **5.** We're playing chess.

7 **1.** are wearing a uniform **2.** Is – cooking dinner **3.** is not reading a novel **4.** are playing football **5.** are not doing our homework **6.** Is – singing a song

8 **1.** No, he's not. He's cooking. **2.** Are they singing? **3.** No, she's not. She's smiling. **4.** Are they running? **5.** No, she's not. She's drinking a cup of tea.

9 **1.** Why is Ryan wearing a coat? He's wearing a coat because it's cold. **2.** Why is your sister eating? She's eating because she's hungry. **3.** Why are you running? I'm running because I'm late. **4.** Why is Charles drinking? He's drinking because he's thirsty.

10 **1.** Do – play **2.** doesn't cook **3.** reads **4.** Do – wear **5.** don't play **6.** help

11 **1.** She doesn't drink milk **2.** Do they eat many biscuits? **3.** I don't watch TV. **4.** The baby cries. **5.** You don't go to bed at 10 p.m. **6.** Do English pupils wear uniforms? **7.** Do you speak English? **8.** My brother doesn't smoke.

12 **1.** What do you do in the kitchen? You cook. **2.** What do you do in the bedroom? You sleep. **3.** What do you do in the living-room? You watch TV. **4.** What do you do in the dining room? You eat / you have dinner. **5.** What do you do in the bathroom? You wash / have a shower or a bath.

13

A	P	P	L	E	S	G
F	A	P	I	E	P	R
S	U	M	M	E	R	A
P	T	A	T	F	I	P
E	U	I	C	E	N	E
A	M	H	O	T	G	S
S	N	C	O	L	D	A
A	W	I	N	T	E	R

1. It rains in autumn. **2.** It snows in winter. **3.** The sun shines in summer and in spring.

14 **1.** always **2.** sometimes **3.** usually **4.** often **5.** never / 1-3-4-2-5

15 **1.** I never go to the cinema. **2.** My parents often go to the restaurant. **3.** My husband sometimes read the newspaper.

16 **1.** Jim plays the bagpipe from five to seven p.m. on Tuesdays. **2.** Mr Martin plays rugby twice a week. **3.** Mrs Martin generally/usually runs in the park on Sundays. **4.** Peterson watches TV every evening. **5.** Fabien's son plays the drum once a month. **6.** Does Peterson's daughter sometimes run when it rains? **7.** How often do the Johns go to the restaurant?

17 **1.** b **2.** d **3.** f **4.** e **5.** c **6.** a

18 **1.** Where does he come from? He comes from Ireland. Where does he live? He lives in a flat in Dublin. What does he do? He's a jeweller. **2.** Where does she come from? She comes from the U.S.A. Where does she live? She lives in a house in Seattle. What does she do? She's a judge.

19 sausages, peas, salmon, cheese, onions, strawberries

20 **ham :** jambon ; **shrimps :** crevettes ; **mushrooms :** champignons ; **pineapple :** ananas ; **grapes :** raisin

21 **1.** likes, loves, hates **2.** loves, hates, likes **3.** likes, loves, hates **4.** No, she doesn't. She likes it. **5.** Yes, he does. **6.** No, she doesn't. She loves it.

22 **Du + au - :** Lucas is crazy about ice cream ; Yann is keen on it ; Leo is fond of it.

23 **1.** He likes ham but he prefers chicken. **2.** She likes chicken but she prefers sausages. **3.** They like French beans but they prefer cheese.

24 **1.** b **2.** d **3.** a **4.** c

25 **1.** I don't think this is a very good novel. *Je ne pense pas / je ne trouve pas que c'est un très bon roman.* **2.** We wish you a Merry Christmas. *Nous vous souhaitons un joyeux Noël.* **3.** She hopes I'm not sick. *Elle espère que je ne suis pas malade.* **4.** We don't remember the title of the film. *Nous ne nous souvenons pas du titre du film.* **5.** What do you need to make a cake? *De quoi a t-on besoin pour faire un gâteau ?*

26 **1.** When do you (always) play cricket? **2.** Who makes good biscuits? **3.** How do they go to work? **4.** Why do they go to work by bus? **5.** Which apple do you prefer? **6.** Where does she come from? Where does she live?

27 **1.** I often wear black but I'm wearing blue now. **2.** He smokes every evening but he's not smoking right now.

28 **1.** vacances d'été **2.** sachet de thé **3.** tirelire **4.** tarte aux pommes **5.** imperméable

29 **1.** dinner time **2.** pencil case **3.** box where you put bread **4.** bed time **5.** a snack you have in the afternoon **6.** school day **7.** banana cake **8.** bathroom

30 **1.** school uniform **2.** ice hockey **3.** toothpaste **4.** swim suit **5.** sunglasses **6.** school bag

Unité 4

1 **1.** Let's eat our peas! **2.** Don't worry, don't cry! **3.** Get dressed and tidy your bedroom! **4.** Don't close the door! **5.** Stop laughing and hurry up!

2 **1.** Don't spend too much money! *Ne dépense pas trop d'argent !* **2.** Don't miss the bus again! *Ne rate pas encore le bus !* **3.** Don't ask so many questions! *Ne pose pas tant de questions !* **4.** Don't touch my sister's sunglasses! *Ne touche pas les lunettes de soleil de ma sœur !* **5.** Let us answer the teacher's questions! *Répondons aux questions du professeur !*

3 **1.** I love potatoes but I hate pears. **2.** watch – (scarf) – cap **3.** goes **4.** schoolbag – ruler – ~~hat~~ – rubber – pen **5.** ☐ smiling ☒ laughing ☐ crying

4 **1.** to **2.** at **3.** for **4.** to **5.** to

5 **1.** me **2.** her **3.** him **4.** us **5.** it **6.** them

6 **1.** Don't lie! Tell me the truth! **2.** Let's brush our teeth. **3.** Forgive me, please. **4.** Listen to your teacher and help your friend! **5.** Don't wait for me. Call me at nine p.m.!

7 **1.** cooking **2.** writing **3.** sleeping **4.** singing **5.** swimming

8 **1.** Does he like drawing? **2.** Yes, he does. **3.** Does he like painting? **4.** Yes, he does. **5.** Does he like driving a car? **6.** No, he doesn't. **7.** Does he like cycling? **8.** No, he doesn't.

9 **1.** Don't eat / No eating **2.** Don't swim / No swimming **3.** Don't fish / No fishing **4.** Don't cycle / No cycling

10 **1.** to do the shopping **2.** to do the cooking

11 **1.** What about going to the swimming pool? *ou* How about going to the swimming pool? **2.** Let's go to the swimming pool!

12 **1.** Brush your teeth after eating. **2.** My sister is crazy about swimming and my brother is keen on fishing.

13 **1.** shopping center **2.** shopping list **3.** washing machine **4.** sleeping pill **5.** waiting room **6.** skipping rope

14 **1.** need **2.** know **3.** to know **4.** what **5.** where

15 **1.** b **2.** d **3.** e **4.** a **5.** c. Les traductions correctes de **c** et **d** son : *Ma sœur voudrait un scooter pour Noël*, et *Je ne suis pas heureux de savoir qu'elle est égoïste.*

16 **1.** I don't want to be a nurse. **2.** I'd like to be a singer in a band. **3.** We'd prefer to be bricklayers. **4.** We want to be nurses. **5.** I want to be an architect. **6.** I prefer not to be a postman.

17 **1.** Brushing **2.** to make **3.** driving **4.** cycling **5.** to forgive

18 **1.** incapacité **2.** perception **3.** autorisation **4.** absence d'autorisation **5.** demande polie **6.** capacité

19 **1.** I can't hear you. Can you speak louder? **2.** Can I borrow your bike? **3.** Can you help me? **4.** Can we go out tonight? **5.** Can you give me a biscuit? **6.** Can I have a fork?

20 **1.** Can Tom draw? **2.** Yes, she can. **3.** No, he can't. **4.** Can James swim? **5.** Can they play chess? **6.** Yes, she can.

21 **1.** W – He can speak very well. **2.** W – She can't speak English at all. **3.** R **4.** R **5.** W – She can speak English rather well.

22 **1.** demande d'autorisation **2.** autorisation **3.** éventualité **4.** demande très polie **5.** éventualité négative **6.** absence d'autorisation

23 **1.** He may be late **2.** He may be sick **3.** It may snow **4.** I may not watch tv tonight. **5.** You may speak **6.** May I open the window? **7.** May I ask you some questions? **8.** You may not smoke in my house

24 **1.** You musn't smoke **2.** She mustn't eat **3.** They mustn't drink

25 **1.** Must you smoke? **2.** She must eat. **3.** They must drink.

26 **1.** c **2.** d **3.** a **4.** e **5.** b

27 **1. b.** She must be very thirsty. **2. d.** it must be sunny outside. **3. a.** she must need stamps. **4. c.** he must be deaf.

28 **1.** has **2.** Does she have to have a licence **3.** don't have to get up **4.** have to follow the rules

Unité 5

1 **1.** I will be **2.** I'm going **3.** They are getting **4.** She's going to set **5.** We're celebrating

2

A	T	E	X	T	Y	V	E
F	H	O	O	V	E	R	M
E	A	M	E	N	D	I	O
E	X	A	P	U	T	U	V
D	R	E	C	Y	C	L	E
C	E	L	E	B	R	A	T

1. He's going to mend his car. **2.** She's going to recycle. **3.** They're going to move out. **4.** He's going to hoover.

3 **1.** is going to be late **2.** will buy a house **3.** she's going to make a cake **4.** Will **5.** it's going to rain

4 **1.** He will not drive when it snows. **2.** We will eat our snack when we're hungry. **3.** They will forgive you if you apologise. **4.** He will miss the bus if he doesn't hurry up.

5 **1.** d **2.** a **3.** e **4.** b **5.** c

6 **1.** Will he lend you his car if you ask him? *Te prêtera-t-il sa voiture si tu lui demandes ?* **2.** He won't go to high school when he's 15. *Il n'ira pas au lycée quand il aura 15 ans.* **3.** I will clean the kitchen when it's dirty. *Je nettoierai la cuisine quand elle sera sale.* **4.** Will they need a bigger flat if they have a baby? *Auront-ils besoin d'un appartement plus grand s'ils ont un bébé ?*

7 **1.** was **2.** were **3.** were **4.** was **5.** were

8 **1.** c **2.** a **3.** b **4.** a **5.** c **6.** b **7.** a **8.** c

9 **1.** Did I sleep well last night? **2.** She liked spinach when she was a child. **3.** I didn't have a cat six months ago. **4.** We went to the party yesterday. **5.** She didn't go to a doctor's appointment. **6.** Did he tell a funny story a week ago?

10 « How did you earn your pocket money? » « I did some baby sitting, I washed cars, and I did some gardening for my grandfather »

11 – What did you do last week?
– I picnicked, I took a nap in the grass, I watched the sunrise and the sunset, I watched the stars, I listened to the birds (singing), I walked in the forest, I swam in the river and I picked some flowers.
– And what did you see in the forest and at the sea?
– In the forest I saw two foxes, a squirrel and a deer. At the sea, I saw two seals, a shark and seagulls.

12 **1.** Yes, he did. **2.** Yes, she did. **3.** No, he didn't. He cried. **4.** No, she didn't. She bought soap and toothpaste. **5.** No, he didn't. He went to a birthday party.

13 **1.** didn't go **2.** Did they get divorced **3.** didn't forget **4.** broke **5.** made

14 **1.** What did you do **2.** Why did you take a nap **3.** Who broke the plate **4.** When did you pick the flowers **5.** Where did you pick them

15 **1.** e **2.** g **3.** a **4.** c **5.** d **6.** b **7.** f

16 I bought a novel in English and I tried to read it but I did not understand well. / We went to the country for the weekend with my parents. We walked a lot in the forest but we did not see many animals, just a fox. / I earned pocket money because I helped my neighbour. I washed his car and I looked after his dog. I did not earn enough to buy a computer but I bought a bike.

17 **1.** She said that she needed to take a nap **2.** He said that he couldn't speak Chinese **3.** "We hate milk" **4.** "I think the flowers are nice"

18 **1.** was gardening – started raining **2.** Were you sleeping – arrived **3.** wasn't doing his homework – came in **4.** were having fun – saw

19 **1.** Mary was running in the forest. **2.** Jane was doing some baby-sitting. **3.** Peter and Sarah were having dinner at the restaurant. **4.** Philomena was doing her shopping at the supermarket. **5.** Robert was working at the factory.

20 **1.** I was cooking when you called. **2.** We were watching the news when the phone rang. **3.** The children were playing outside when it started/began to snow.

21 **1.** been **2.** read **3.** watched **4.** known **5.** eaten **6.** played **7.** bought **8.** broken

22 **1.** has read **2.** Have you swum **3.** Henry has been **4.** Have they watched **5.** You have not borrowed

23 **1.** I haven't slept very well. **2.** Have they played football? **3.** He has cooked dinner. **4.** Have we bought a house? **5.** She hasn't taken the bus.

24 **1.** e **2.** a **3.** f **4.** b **5.** d **6.** c

25 **1.** There's been an earthquake. *Il y a eu un tremblement de terre.* **2.** He hasn't brushed his teeth. *Il ne s'est pas brossé les dents.* **3.** She hasn't combed her hair. *Elle ne s'est pas peigné les cheveux.* **4.** My sister has cut her finger. *Ma sœur s'est coupé le doigt.* **5.** She has put some lipstick on. *Elle s'est mis du rouge à lèvres.* **6.** They haven't done the shopping. *Ils n'ont pas fait les courses.*

26 **1.** He has just bought a computer. **2.** A mosquito has just bitten her. **3.** He has just broken the glass.

27 **1.** Has Emma ever been to Australia? **2.** Yes, she has played chess twice. **3.** Has Omar ever played chess? **4.** No, he has never played chess. **5.** Has Omar ever been to Australia? **6.** Yes, he has been once.

28 **1.** has missed **2.** didn't go **3.** have never seen **4.** went **5.** have just got divorced **6.** Have you ever sung

Unité 6

1 **1.** anywhere – somewhere – everywhere **2.** something – anything – everybody

2 **1.** nothing – Everything **2.** anybody **3.** Somebody **4.** nowhere **5.** Nobody

3 **1.** I have told him myself. **2.** The children are enjoying themselves. **3.** She looked at herself in the mirror. **4.** He introduced himself to my parents. **5.** You can mend the car yourself. You don't need to go to the garage. **6.** We hurt ourselves when we fell.

4 **1.** which **2.** who **3.** who **4.** which

5 **1.** e **2.** f **3.** c **4.** b **5.** d **6.** a

6 **1.** facilement **2.** fortement **3.** magnifiquement **4.** shyly **5.** selfishly **6.** bravely

7 **1.** politely **2.** quietly **3.** healthily **4.** happily **5.** clumsily

8 **1.** She has never spoken English very well. *Elle n'a jamais très bien parlé anglais.* **2.** The children played tennis outside yesterday. *Les enfants ont joué au tennis dehors (à l'extérieur) hier.* **3.** His father always speaks loudly. *Son père parle toujours fort.* **4.** We'll eat a lot of cake tomorrow. *Nous mangerons beaucoup de gâteau demain.* **5.** Give me the pen which is there. *Donne-moi le stylo qui est là-bas.*

9 **1.** in **2.** at **3.** from **4.** on **5.** to

10 **1.** Jack is at the dentist's. **2.** Brendan is going to the ice rink. **3.** Jocelyn is coming from the hairdresser's. **4.** Caitlin is at the museum. **5.** Susanna is going to the baker's.

11 **1.** over **2.** down **3.** all over **4.** around **5.** through **6.** near

12 **1.** Who are you waiting for? **2.** Who is she talking to? **3.** What was he looking at? **4.** What will they listen to?

13 **1.** a **2.** c **3.** a **4.** c **5.** b **6.** c

14 **1.** didn't you? **2.** isn't she? **3.** haven't they? **4.** couldn't he? **5.** don't you? **6.** weren't they?

15 **1.** I won't **2.** I don't **3.** I haven't **4.** I can **5.** I didn't **6.** I am

PRONONCIATION

1 **1.** nap **2.** garden **3.** nose **4.** born **5.** cup **6.** cute **7.** evening **8.** where **9.** milk **10.** wind

2 **1.** lives (court) **2.** sleeps (long) **3.** sheep (long) **4.** beans (long) **5.** eat (long), chips (court)

3 **1.** chicken [tch] **2.** shopping [ch] **3.** chocolate [tch] **4.** English [ch] **5.** armchair [tch] **6.** shirt [ch]

4 **1.** am/ham **2.** hate/ate **3.** ill/hill

5 **Noms mal classés :** socks [s], houses [iz], glasses [iz], beds [z], stairs [z] / **Verbes mal classés :** plays [z], thinks [s], wants [s], cries [z], swims [z]

6 **1.** [s] **2.** [iz] **3.** [z] **4.** [z] **5.** [s] **6.** [z]

7 **[d] :** called, enjoyed, cleaned, played, lived, cried, listened **[t] :** washed, smoked, worked, divorced, liked, cooked **[^{eu}d]/[id] :** hated, painted, cheated, wanted

8

A	K	N	I	F	E	T	I
P	N	I	F	I	N	S	C
L	C	S	O	N	D	A	E
U	A	A	W	H	A	L	F
M	S	D	R	E	G	M	U
B	T	K	I	A	R	O	N
E	L	E	T	L	O	N	T
R	E	X	E	S	W	H	O

1. half
2. knife
3. castle
4. answer
5. write
6. plumber
7. salmon
8. who

9 'worry ; 'open ; um'brella ; 'toothpaste ; e'leven

10 **1.** ba'nana **2.** 'sausage **3.** to 'borrow **4.** to ex'plain **5.** 'bedroom **6.** 'onion **7.** 'handsome **8.** 'lazy

11 **1.** rea dit ['ri dit] **2.** a negg [^{eu} 'nèg] **3.** si xonions ['si ks'euni^{eu}nz] **4.** lou kat ['lou k^{eu}t] **5.** goo dapple ['gou 'dap^{eu}l]

12 **1.** vrai ['fôk] **2.** faux **3.** vrai [d^{eu}'vôst] **4.** vrai ['beud] **5.** faux **6.** vrai ['skâf] **7.** vrai [dô^{r}] **8.** faux **9.** faux **10.** vrai ['kâpit] **11.** vrai ['oueuk] **12.** vrai [pôk] **13.** vrai ['mâk^{eu}t] **14.** faux **15.** vrai ['fâm]

13 **3.** liaison **4.** liaison **5.** pas de liaison **6.** liaison **7.** pas de liaison

14 **1.** ✱ **2.** ▲ **3.** ▲ **4.** ▲ **5.** ▲ **6.** ✱ **7.** ▲ **8.** ✱ **9.** ▲ **10.** ✱ **11.** ▲ **12.** ✱

CULTURE ET CIVILISATION

1 **1.** e (toboggan, désordonné) **2.** a (petit tapotement, comme le bruit de la pluie) **3.** f (tête de linotte) **4.** d (gros bêta) **5.** b (charabia) **6.** c (fadasse, beauf)

2 **Miam :** Yummy ; **Ouf :** Phew ; **Aïe :** Ouch ; **Beurk :** Yuck ; **Ouste :** Shoo

3 **1.** c **2.** b **3.** a **4.** a

4 **1.** What does "Not for all the tea in China" mean? **2.** How many cups of tea are drunk in England every day? **3.** When did tea begin to be popular in England? **4.** Who wrote a small book called *A Nice Cup of Tea* in 1946? **5.** What does "cuppa" mean? **6.** What is "builder's tea"? **7.** Why do more and more people drink green tea?

5 **1.** W, it's in autumn **2.** R **3.** R **4.** W, there was no explosion **5.** W, he was tortured and killed **6.** R **7.** W, it's a song about Bonfire Night

6 **1.** a **2.** d **3.** f **4.** c **5.** b **6.** e

7 a.

8 **1.** Jack **2.** Bob **3.** Alec **4.** Dick **5.** Thomas **6.** Harry **7.** Larry **8.** John **9.** Simon **10.** Billy

9 An Earl called Sandwich invented it in the eighteenth century / the BLT contains bacon, lettuce and tomatoes / The Coronation chicken sandwich was created for the coronation of Queen Elizabeth II in nineteen fifty-three / Cucumber sandwiches are very light and very refined.

10 **1.** b **2.** b **3.** c **4.** c **5.** a

11 6 – 2 – 4 – 5 – 7 – 1 – 3

12

U	H	O	U	N	D	S	A	I	R
S	B	A	K	E	R	C	R	M	O
A	C	E	S	D	B	A	N	D	S
N	A	L	I	O	P	N	E	A	U
S	T	U	D	Y	A	D	I	U	R
H	I	L	L	L	U	A	T	G	G
P	E	T	O	E	L	L	H	H	E
I	C	E	L	U	A	E	E	T	O
T	E	L	E	V	I	S	I	O	N
V	I	D	R	A	C	U	L	A	T

1. television
2. Doyle
3. surgeon
4. study
5. band – scandal – hound
6. Dracula
7. Baker

13 **a.** 4 **b.** 6 **c.** 7 **d.** 2 **e.** 3 **f.** 5 **g.** 1

14 **H : 5.** Pygmalion **6.** Eliza **V : 1.** lady **2.** Fabian **3.** phonetics **4.** Irish **5.** plays

15 two, east, Wellington*3, 1769, Cook, colony, 1947, Commonwealth, vote, kiwi, China

16 **1.** Faux, en Floride il est interdit de péter le jeudi après 18 h **2.** Vrai **3.** Faux, il est interdit de lécher des crapauds. **4.** Faux, c'est en Arizona. **5.** Faux, il est interdit de marcher avec une glace dans la poche, pas d'en manger !

17 **1.** In Idaho **2.** In Carolina

18 **1.** Pilgrim Fathers **2.** Mayflower **3.** Plymouth **4.** November **5.** harvest **6.** holiday **7.** turkey **8.** pumpkin pie **9.** grateful **10.** turducken

Bravo, tu es venu à bout de ce cahier ! Il est temps à présent de faire le point sur tes compétences et de comptabiliser les icônes afin de procéder à l'évaluation finale. Reporte le sous-total de chaque chapitre dans les cases ci-dessous puis additionne-les afin d'obtenir le nombre final d'icônes dans chaque couleur. Puis découvre tes résultats !

	🙂	😐	☹
GRAMMAIRE			
Unité 1			
Unité 2			
Unité 3			
Unité 4			
Unité 5			
Unité 6			
PRONONCIATION			
CULTURE ET CIVILISATION			
Total, tous chapitres confondus			

Tu as obtenu une majorité de...

🙂 **Congratulations! Bravo !** Tu t'en es très bien sorti, continue comme ça !

😐 **Not bad at all! Ce n'est pas si mal !** Mais tu peux progresser en refaisant les exercices où tu as fait des erreurs.

☹ **Try again! Persévère !** Reprends l'ensemble de l'ouvrage en relisant bien les leçons avant de refaire les exercices.

Crédits iconographiques
Couverture : picto © Anne-Sophie Peyer
Intérieur : Shutterstock : 32 pixels : 18bd ; ADE2013 : 20bd ; Aleutie : 72b, 77b, 118bd ; Alex Gorka : 12 ; Alexander Ryabintsev : 100bg (jambon) ; alya_haciyeva : 114hd (fromage) ; Amplion : 49m (juge) ; Anastasiia Kucherenko : 106b, 119b ; andreysharonov : 53hd ; andromina : 78hd ; angkrit : 42g (joggeurs) ; ankomando : 51b ; Anna Frajtova : 10mg ; AnonimS : 108b ; Anthony Krikorian : 62b ; arbit : 52h (poulet) ; aresdimahdiss : 39b, 93hd ; Arleevector : 120b ; artbesouro : 32h ; Artisticco : 11bd (citrons), 4hd, 10bd, 50 (légumes), 52h (haricots), 52b (fraise) ; AVS-Images : 14 (réveils), 14hg ; AzuAya25 : 121 ; belkatt : 117h ; Beresnev : 92m, 93hg ; Bimbim : 65bg ; Blablo101 : 42g (visage), 58hd, 111hd ; Bplanet : 102bd ; Brian Tan : 111b ; chaiwatartwork : 83bd ; chrupka ; COCOart : 63hg ; Colorlife : 88g ; Comodo777 : 116bg ; Creatarka : 21g ; Creative Stall : 26 (bureau), 92bd ; Crystal Eye Studio : 54bd ; Denis Maliugin : 40b (smileys), 41hd (nageuses) ; deymos : 117m ; djdarkflower : 11m (pain) ; Dooder : 16hg ; Dukheva : 100m, 105bg ; Ecelop : 61 et 68 (panneaux) ; edel : 8b, 110b ; ElenaShow : 9h ; Ellegant : 39md ; EstherQueen999 : 61bd ; Evellean : 13b, 47md, 84hd ; Evgeniya Pushai : 84bd ; Ficus777 : 64bg ; FielDGood : 75b ; Fireofheart : 18g ; forden : 64hd ; Fotinia : 24m, 4bd, 40b (vêtements) ; Fred Ho : 95bg, 106bd ; friendlyvector : 26 (crayons) ; Fun Way Illustration : 49m (personnages) ; Gnatuyk Lesya : 23bd, 24hd, 26 (matériel scolaire) ; Goodwaydesign : 80h ; Grimgram : 91b ; grmarc : 25b ; gst : 11bd (bouteilles), 104bd ; Happy Oksana : 11bg (poires) ; happymay : 88md ; HelenStock : 48bg ; helllbilly : 120h ; Hollygraphic : 44hd ; Iconic Bestiary : 17, 58b ; Igogosha : 88bd, 116md ; igorrita : 54hd ; illpos : 115bd ; Ilya Bolotov : 44m (salon) ; Incomible : 7bd (feuilles), 10b (pomme), 37g, 40 (livre), 77hd, 80m ; Irina Kostyuk : 35b (manteau) ; Irina Strelnikova : 78g ; Ivan_Nikulin : 100bg (montagne), 114b, 114hd (montagne) ; Ivanova Natalia : 5hd ; jesadaphorn : 14bg, 15bd, 15hg, 35hd, 36bd, 43h, 52bd, 53md, 53bd, 56h, 58hd, 59, 64bd, 83bg, 87b, 94bd, 101hd, 104h ; Julia Tim : 31bd, 38, 47bg, 52h (personnages), 56bg ; karawan : 7bg (cartons), 10b (carton) ; KissBeetle : 103b ; KoQ Creative : 40b (casquette) ; Ksanawo : 8m ; Leszek Glasner : 5md ; lian_2011 : 67b ; Lindarks : 16m ; Lindwa : 61mg ; liskus : 33 (chien) ; littleWhale : 19h ; Lomingo : 103hd ; Lorelyn Medina : 22m, 76b ; LOVE YOU : 45bg ; lyeyee : 40b (téléphone) ; LynxVector : 115b ; Lyudmyla Kharlamova : 33b, 35bg, 36hd ; Mackey Creations : 37bd ; Macrovector : 10hd, 11hg, 15bg, 16h (château), 34hd, 40hg, 40h (fumeurs), 40h (joggeur), 43b, 45m,49hd, 50b (chocolat), 57h, 60hg, 70hd, 71, 74hd, 78bg, 89hd, 98, 100bg, 110hg, 106hg 93hg ; MakaCz : 73mg ; Makc : 113hg ; manukandesign : 93m ; maraga : 62h ; mari.nl : 42g (cuisinier) ; Maria Kolyadina : 30m ; Maria Starus : 95m ; Marina Hernandez : 90b ; Marish : 47hd, 102hd ; mart : 10bg, 50 et 52 (charcuterie) ; Mascha Tace : 7 (penderie), 24b, 55m (dentifrice) ; Max Griboedov : 30bd ; Meilun : 6bg, 74m (voitures), 118hg, 118hd ; merion_merion : 86bd ; Michele Paccione : 35b (écharpe), 58hg ; Minur : 45hd ; miumi : 104md ; Monkik : 41m ; MSSA : 79h (visages) ; MSSA : 86hd ; Mushakesa : 36 (fruits), 51 (fruits), 94 (poire), 104bg (pomme) ; MyClipArtStore.com : 60bg ; Nadya_Art : 22 (animaux) ; Natalia Goretska : 55b (maillot et lunette) ; NataliaProkofyeva : 73hd ; Nemanja Cosovic : 86bg ; Neti.OneLove : 57b, 60 (vélo, scooter, appareil photo, muffin), 91g, 116h ; Nikita Chisnikov : 54g ; Nong Amory : 113mg ; NotionPic : 34bg, 76h, 81b, 112 ; Oceans : 16h (tablette), 26 ; 13h, 22bd, 23bd, 25hg, 28h, 28g, 33hg, 40bg, 66, 72h, 72m, 82bd, 96, 108h, 109bd, 109hg ; Olga1818 : ; olillia : 35b (lunettes) ; palasha : 29, 109m ; Paola Canzonetta : 18hg ; patpat : 92hd ; Pingvinok : 119hd ; rachisan alexandra : 93bg ; ratch : 49h ; RATOCA : 115mg ; red Ho : 68h ; RedlineVector : 37hd, 55bd (cartable) ; Reljic Aleksandra : 90h ; Remind-escape : 55hg (écoliers) ; Romashechka : 27, 99bd ; Rosa Puchalt : 91hd ; sahua d : 52hd (fromage) ; Sakina Mahmudova : 117bg ; Sentavio : 34mg, 80bd, 99g, 105h ; Sergei Mokhov : 84md ; Shamik Studio : 87h ; sibgat : 61 (main) ; Sky Designs : 81h ; SLdesign : 119hg ; SlyBrowney : 51 (coeurs), 84bg, 100 (poissons), 103m, 104hg, 105hd, 120g ; snegiri : 113md ; Snopek Nadia : 8h ; SofiaV : 99hd ; solgas : 41hd ; Spreadthesign : 4hg, 7 (pied), 46 (arbres) ; stefanolunardi : 31hg ; SThom : 11hd, 50mg (fromage) ; Stocklifemax : 68bd, 82g ; StockSmartStart : 115hd ; Studio_G : 46b (montre), 75hd ; studiostoks : 42g (rousse) ; Sudowoodo : 113b ; Supermint : 50b (légumes) ; Svesla Tasla : 7 (renard) ; Tanya_Knyazeva : 73bd ; Tarikdiz : 63d ; Taxiro : 63bg ; Tomacco : 18hg, 40b (guitare), 44bd, 89bd ; Tomasz Makowski : 28b (drapeaux) ; Top Vector Studio : 40b (marmite) ; totallypic : 85 ; urii Augulis : 69hd ; UVAconcept : 60hd ; Vector Tradition SM : 9 (rose) ; vectorbest : 86hg (pièces d'échec) ; venimo : 7b (valises), 32b, 65hd ; Vera Serg : 44m (visage) ; Verkhozina Ekaterina : 55bg ; Vetreno : 14hd ; Victor Metelskiy : 16b ; Victoria Sergeeva : 50, 51 ; VikiVector : 51h (smileys), 60 (smileys) ; Virinaflora : 49m (immeuble et maison) ; Visual Generation : 21b, 49h (conducteur de bus), 74b ; Vitalina Lytvyn : 20hg, 70m ; vivasis : 50m (bloc-notes) ; Vlada Young : 101bd ; warawiri : 50hd ; Woodhouse : 20hd ; yoshi-5 : 19b, 67h ; yuriytsirkunov : 5b ; Yustus : 48h ; Yuzach : 9b ; Zakharchenko Anna : 6hd ; **fotolia** : 82h ; **DR** : 90m.

Conception graphique de l'intérieur : MediaSarbacane
Conception graphique de la couverture : AllRight
Adaptation graphique : Marion Huet
Mise en pages : Aurélia Monnier pour Céladon éditions
Réalisation : Céladon éditions, www.celadoneditions.com

Dépôt légal : mai 2017
N° d'édition : 4348
Août 2024
ISBN : 978-2-7005-8166-9

www.assimil.com
Imprimé en Roumanie par Master Print